PUBLICATION DU SPECTATEUR MILITAIRE

LA GUERRE DE HOLLANDE

ET

L'AFFAIRE DU TEXEL

PAR

Éd. de BONNAL

Ancien conservateur des Archives au Ministère de la Guerre.

PARIS
A LA DIRECTION DU SPECTATEUR MILITAIRE
39, RUE DE GRENELLE-SAINT-GERMAIN, 39

1886

Tous droits réservés.

PUBLICATION DU SPECTATEUR MILITAIRE

LA GUERRE DE HOLLANDE

ET

L'AFFAIRE DU TEXEL

PAR

Éd. de BONNAL

Ancien conservateur des Archives au Ministère de la Guerre.

PARIS
A LA DIRECTION DU SPECTATEUR MILITAIRE
39, RUE DE GRENELLE-SAINT-GERMAIN, 39

1886
Tous droits réservés.

HOMMAGE

AUX CORPS DE TROUPES D'ORIGINE BELGE

QUI ONT COMBATTU AVEC LA FRANCE

De 1789 à 1825

INTRODUCTION

La Révolution française rompant avec le passé féodal qui régissait les peuples européens eut pour résultat, trois ans après l'affirmation de ses réformes constitutionnelles, à *l'intérieur* une anarchie sanglante, à *l'extérieur* la coalition militaire des couronnes. La mort du roi eut pour conséquence d'unir tous les trônes dans la cause de Louis XVI, et les provocateurs purent se donner, au début de 1793, pour provoqués [1].

A l'est, au nord et à l'ouest, la France fut vouée à un partage honteux, toujours au nom du droit; sur mer, l'Angleterre trouva la suprématie, affirmée déjà depuis 1763, et, pour mieux l'obtenir, entraîna la Hollande dans le jeu de sa politique.

---

[1]. Si la Convention avait eu quelque esprit politique dans ce procès elle se serait inquiétée de l'opinion des cabinets. Le succès de Jemmapes encouragea ses colères et ses inutiles violences.

Aveuglé par les passions de ceux qui étaient devenus les protecteurs de sa puissance quasi-souveraine, le Stathouder ne comprit pas, même après Jemmapes, le péril imminent où le jetait l'ambition britannique. Ce sont ces faits que nous voulons exposer, soit comme action politique, soit comme action militaire ; ils devaient aboutir à d'incomparables désastres, de février 1793 à février 1795.

La campagne de Hollande comprend trois phases distinctes : l'expulsion des coalisés des frontières et places du nord de la France ; la conquête de la Belgique jusque et y compris la reddition de Bois-le-Duc ; enfin de ce fait d'armes à la chute successive des places et points fortifiés des Pays-Bas.

Jomini nous dira la valeur réelle de Pichegru, le général cher au parti des triumvirs, le rival détestable de Hoche sur le Rhin et de Jourdan en Belgique. La gloire de ses divisionnaires s'accroîtra d'autant et ce sera justice.

La deuxième partie de notre étude est spéciale au fait unique jusqu'ici de la prise d'une flotte enfermée dans les glaces par l'imprévoyance du Stathouder et de Pitt. On verra par qui fut accompli ce coup hardi, que la rigueur de l'hiver de 1794 laissait prévoir et qui fut dû à une de ces inspirations inattendues comme l'art de la guerre en suggérera toujours aux esprits observateurs et aux chefs intrépides.

Cette gloire appartient à un chef de bataillon de troupes belges, de volontaires du Hainaut au service de la République, Lahure, originaire de Mons. Ce succès devint la source de sa fortune militaire ; ce fut alors qu'il se lia intimement avec Macdonald. Le temps justifia leur réciproque amitié. A la paix de 1814, Lahure resta Français [1], fidèle à l'armée qui honorait son nom.

---

[1]. Une partie de sa famille restée dans ses foyers opta pour l'honorable nationalité de ses ancêtres et y continue dans les plus hauts grades les vertus militaires de celui dont nous parlons.

I

Le traité de 1788 avait mis la Hollande sous la dépendance absolue de l'Angleterre ; nul parmi les historiens les plus favorables à la coalition ne l'a nié jamais, il est nécessaire toutefois de le rappeler pour l'intelligence de notre récit. L'immixtion de ses États-Généraux dans les affaires de la Belgique, les persécutions souffertes par les patriotes, les obligations imposées par le cabinet de Vienne, ses discordes intestines dès le début de la révolution brabançonne puis française, l'accession de la Maison d'Orange à la coalition des rois, le refus de la province de Hollande d'adhérer, la colère du Stathouder envers l'ambassadeur français, son rapprochement de l'Autriche et de la Prusse, les préparatifs maritimes dirigés contre la Convention, les déclarations imposées aux étrangers à titre d'asile, l'appel public des ministres anglais par l'intervention de l'ambassadeur lord Aukland à l'exécution immédiate du traité de 1788, l'interdiction de l'Escaut à notre pavillon, enfin, les inquiétudes du cabinet de La Haye sur une invasion de nos troupes, tels furent les préliminaires notables de la guerre de Hollande. Ils comprennent les années 1787 à 1793, énumérées dans leurs parties principales.

Comment en fut-il parlé à la Convention ? Quels arguments firent valoir les divers orateurs chargés de redire les griefs de la France ?

Au nom du Comité de sûreté générale, Brissot accablait la conduite de l'Angleterre et appelait sur la tête de ses ministres les colères des peuples. Puis, liant la Hollande à la coalition, il ajoutait :

« En déclarant que la France est en guerre avec le gouvernement anglais, c'est déclarer qu'elle l'est avec le Stathouder, qui est plutôt le sujet que l'allié du cabinet de Saint-James ; qui, se prêtant à toutes ses passions, a, dans le cours de la révolution, favorisé les émigrés et les Prussiens, vexé les Français, traité avec insolence le gouvernement français, et j'en atteste ici l'éloignement des fabricateurs de faux assignats arrêtés en Hollande ; et ce Stathouder qui, maintenant pour soutenir la guerre du cabinet de Londres, joint ses vaisseaux aux vaisseaux anglais, favorise les ennemis en traversant notre importation des grains. »

Le décret de la Convention était plus formel encore :

« Considérant, y était-il dit, que le roi d'Angleterre a entraîné dans la même coalition le Stathouder des Provinces-Unies, que ce dernier, dont le dévouement servile aux ordres des cabinets de Saint-James et de Berlin n'est que trop notoire, a, dans le cours de la

Révolution française, et malgré la neutralité dont il proteste, traité avec mépris les agents de France, accueilli les émigrés, vexé les patriotes français, traversé leurs opérations, relâché, malgré l'usage reçu et malgré la demande du ministère français, des fabricateurs de faux assignats; que dans les derniers temps, pour concourir aux desseins hostiles de la cour de Londres, il a ordonné un armement par mer, nommé un amiral, ordonné à des vaisseaux hollandais de joindre l'escadre anglaise, ouvert un emprunt pour subvenir aux frais de la guerre, empêché les exportations pour la France, tandis qu'il favorisait les approvisionnements des magasins prussiens et autrichiens;

« Considérant enfin que toutes les circonstances ne laissent plus à la République française d'espoir d'obtenir, par la voie de négociations amicales, le redressement de ces griefs, et que tous les actes de la cour britannique et de Hollande sont des actes d'hostilités et équivalent à une déclaration de guerre... »

Quelques jours auparavant, Dubois-Crancé avait déclaré au nom du Comité militaire qu'agissant en nation juste, la France avait pris l'offensive dans un seul but : « prévenir l'invasion de son propre territoire. » C'est au Nord, s'était-il écrié, qu'il faut « déployer tous les moyens d'une guerre offensive ». Il en donnait pour raison les préparatifs hostiles d'une puissance prête à entrer en campagne. La Belgique et la Hollande furent promises à notre influence et à notre domination. Les idées de République universelle, les rêves de prépondérance jacobine l'emportaient sous l'influence des clubs, de Marat et de Robespierre. Il n'était plus question de réformer la Constitution de la France, mais de révolutionner l'Europe et d'imposer aux subjugués comme aux vaincus une forme de gouvernement.

Si les hommes qui dirigeaient alors la diplomatie française avaient eu des vues justes, ils eussent respecté les prérogatives et les droits de Guillaume d'Orange, l'auraient arraché à l'influence anglaise en laissant le débat du prince avec le peuple batave circonscrit entre les intéressés.

Accueillant au contraire avec ostentation les délégués remuants que leur envoyaient des citoyens sincères mais imprudents, ils les introduisirent à la Convention. Là, toute pensée internationale fut bannie et le langage de ceux qui invoquaient leur ancien titre de *Gueux* avec promesse d'en renouveler les exploits, acheva de perdre toute habileté. On inséra l'allocution au *Moniteur*, on y lisait cette apostrophe :

« Vous ne vous trompez pas, en séparant la cause des peuples d'avec celle des tyrans qui les oppriment. Votre décret a déclaré la guerre au Stathouder, c'est-à-dire à celui qui, de tout temps, s'est montré contraire aux intérêts de la nation française; qui, dans la guerre d'Amérique, a mis en jeu toutes les intrigues pour faire échouer les vues généreuses de la France; qui a rendu inutile l'alliance conclue entre elle et notre République, enfin, qui n'a épargné aucun moyen de montrer sa haine contre les Français, depuis le moment où ils ont recouvré leur liberté. C'est avec justice que votre décret établit cette distinction entre Guillaume de Nassau, ses adhérents et **la saine partie de la nation batave, amie de la liberté** et de l'égalité, parmi laquelle nous nous faisons gloire de nous compter. Cette distinction équitable fait l'essence même de votre décret ; elle est pour nous le gage non seulement de notre confiance, mais aussi de notre gratitude nationale. »

Ce langage passionné répondait à la note tout aussi passionnée de l'ambassadeur anglais, près les États-Généraux. Les droits et la sûreté des Provinces-Unies étaient garantis par l'arrivée d'une escadre britannique. Ses parages ainsi protégés, la Hollande pouvait rassembler ses forces. La guerre éclata aussitôt.

Dumouriez se fit précéder par une série de proclamations aux Belges et aux Bataves, où il rappelait leurs malheurs de 1787. Les principaux exilés d'alors formaient un comité-directeur. Le chef de nos armées dénombra soixante mille hommes en Belgique et autant pour la Hollande. Il annonça, dès l'ouverture de la campagne, son intention de se rendre à La Haye, foyer des intrigues orangistes. « Nous parcourrons vos riches provinces, s'écriait-il, en amis et en frères. » Le respect des personnes et des propriétés était garanti ; même le généralissime promettait de livrer à « leur juste vengeance », quant aux cultivateurs, les administrateurs, les magistrats et les commandants militaires qui avaient ordonné l'inondation du pays. Erreur du patriotisme, singulière au moins chez l'adversaire de Brunswick.

La Convention ordonna à ses généraux de proclamer la liberté de la Hollande en y pénétrant et leur envoya une adresse à ses habitants pour confirmer les prescriptions intimes. Le prince d'Orange courut aux armes. Encore deux mois et l'envahisseur sera reconduit par celui qui s'inspirait du sang et de la vertu militaire du Taciturne.

L'expédition de Dumouriez, qui, maître de la Belgique, avait voulu porter son armée de Bruxelles à Amsterdam, ne pouvait qu'échouer. Frapper un coup d'éclat pour s'imposer aux factions jacobines par un succès, tel avait été le projet de ce général. Mais Jomini a démontré qu'en franchissant le bras de mer du Biesbos pour s'unir à Miranda, lequel serait venu à lui par Nimègue à Utrecht d'où ils auraient poussé sur Amsterdam, un tel projet était irréalisable. Les trois armées dites de Belgique, des Ardennes et du Nord comprenaient avec les augmentations occasionnelles et les garnisons un total de 124,600 hommes, réduit à 90,000 comme propre à figurer sur le champ de bataille. Ne s'étant pas mis en garde contre le prince de Brunswick-Oels sur la Roer, Dumouriez y éprouva une défaite. A Nerwinde comme à Aix-la-Chapelle, il ne connut que des désastres. La lecture de ses *Mémoires*, œuvre dont il faut toujours se méfier, car elle constitue moins un récit qu'une apologie décidée et de mauvaise foi, cette lecture donnera seule une idée de la présomption du général français. Pris de flanc et contenu de front, exposé à être détruit, il prit le seul parti qui lui restât, battre en retraite.

C'est au désastre de Nerwinden qu'il faut attribuer comme opération inévitable la retraite des troupes aventurées en Hollande. Les entrevues de Dumouriez avec le colonel Mack, l'évacuation de la Belgique, l'intention d'un coup d'État à Paris, substitution étrange de la politique aux affaires de guerre, achevèrent de tout perdre. Placé entre son devoir et des passions chimériques, le généralissime français ne pensa qu'à livrer les places frontières des provinces du Nord à l'ennemi. Trompées durant trois jours par des proclamations perfides, ses troupes pouvaient hésiter entre leur général et la République. Le bon sens et l'honneur l'emportèrent enfin, Dumouriez ne dut son salut qu'à la vitesse de son cheval.

Dans cet effondrement se distinguèrent Davout, le futur duc d'Auerstædt, Macdonald, fait général pour sa conduite à Lille, et un jour duc de Tarente [1]. Les commissaires de la Convention intervinrent pour la première fois avec un éclat nouveau alors et qui eut pour quatre d'entre eux d'étranges conséquences. De la trahison de Dumouriez naquit l'institution politico-militaire, des *Représentants en mission près les Armées* [2].

Poursuivie avec fureur par la coalition, la campagne de 1793 finit pour la France avec autant de succès qu'elle avait éprouvé de hontes au début. Les généraux ennemis rejetaient les uns sur les autres les causes de leurs défaites et l'apprenaient à l'Europe surprise dans des écrits pleins de haine. S'ils se maintenaient au nord, l'armée du Rhin les avait chassés

---

1. Ce fut dans ces épreuves que Macdonald et le baron Lahure s'unirent d'une amitié qui ne devait finir qu'avec la vie. On en verra les suites dans l'exposé de l'affaire du Texel.

2. Nous annonçons comme devant paraître en 1886 l'ouvrage rédigé par nous après cinq années d'études spéciales aux *Archives nationales* et au *Dépôt de la guerre* sous ce même titre.

de l'Alsace malgré les tentatives de trahison de Pichegru à Wœrth et Haguenau, les deux armées des Pyrénées refoulaient les Espagnols, la Vendée était promise à la victoire par les troupes venues des camps, le Sud était rentré dans l'ordre par la reprise de Toulon et l'armée des Alpes allait passer de la défensive à l'offensive sur le Var. Enfin, des hommes de guerre de premier ordre se signalaient partout et battaient à l'envi les compagnons ou les élèves de Frédéric le Grand !

Il faut, s'écriait Carnot, le 18 mars 1794, que dans quelques mois nous ayons remporté de grands et incontestables avantages ; une victoire médiocre serait la ruine de la République.

Carnot avait raison et cette année-là devait causer à la coalition des catastrophes sans précédent.

Mais cette guerre faite à notre patrie en haine de ses transformations politiques à l'intérieur avait vu susciter des généraux qui escomptaient dans la victoire la répression des partis comme des doctrines démagogiques. Le premier triomphe de Hoche avait correspondu au premier fait d'armes de Bonaparte à Toulon. Robespierre, toujours clairvoyant, avait deviné dans le premier un homme dangereux, et n'avait pas soupçonné le génie du second, peut-être parce qu'il courtisait sa sœur ! Barras devait être plus perspicace.

Sur les conseils de Mack, le grand quartier-général des Austro-Prussiens avait résolu, et ses alliés avec lui, de concentrer ses coups sur le Nord. Il avait ordonné de porter le gros des troupes sur la Sambre ou sur la Meuse, de vaincre à tout prix et de marcher sur

Paris pour y écraser, à la fois et d'un seul coup, toutes les résistances. Un démembrement général au nord, à l'est et au sud devait en être la suite. Carnot le comprit et substitua à la défense de la France par le Rhin, un système de défense par le nord. Constatons-le, la *conquête de la Hollande*, but avoué par le Comité de Salut public dans les états-majors, fut un essai de politique commerciale regrettable. On espérait traverser ainsi la conséquence de l'*Act of navigation* de Cromwell, venger la perte de nos colonies sous Louis XV, frapper l'Angleterre sur ses marchés, y décréter le blocus continental, ce qui eut lieu par l'acte de navigation dont Barère fut le rapporteur retentissant, et rallier à cette politique les villes hanséatiques comme les cours du Nord. Le moment approchait où Jean-Bon-Saint-André s'écrierait que la base de notre grandeur était *la liberté des mers*.

Par le traité de La Haye, du 14 avril 1794, les puissances coalisées déclarèrent que le sort du Stathouder était lié au leur.

L'emplacement des troupes françaises était aux frontières extrêmes à l'intérieur ; c'est-à-dire qu'elles avaient à quitter Maubeuge et Avesnes, Cambrai et Douai, Lille et Dunkerque pour pénétrer en Belgique, franchir le Waal et conquérir de là la Hollande. Nous n'avons pas le dessein d'exposer les opérations combinées des armées du Nord et de la Moselle, commandées l'une par Pichegru et l'autre par Jourdan. Elles agirent distinctement quoique unies dans un même plan.

L'Instruction envoyée à Pichegru était secrète ; son importance nous force d'en donner quelques extraits pour comprendre l'exposé, même rapide, des opérations ordonnées par le Comité de Salut public.

« Il a voulu, disait Carnot, que cette campagne fût ouverte par la prise d'Ypres, afin de couvrir par son moyen et par les inondations qui peuvent être formées depuis cette ville jusqu'à Nieuport, les villes de Bergues, Dunkerque, Cassel et Bailleul; en assurer la communication toujours précaire, pouvoir porter en avant les garnisons de l'arrière ; *raccourcir notre ligne de défense*; inquiéter l'ennemi sur les villes d'Ostende, Bruges et Gand; l'obliger à tenir, pour leur conservation, une grande masse de forces dans la Flandre maritime et diminuer d'autant celles qu'il destine à nous attaquer ailleurs; l'empêcher de se soutenir dans les villes de Menin et de Courtray et par conséquent de communiquer avec Tournay et Oudenarde; l'éloigner enfin des postes de Tourcoing, Roubaix et Lannoy par lesquels il resserre la garnison de Lille, appuie son camp de Cisoing et couvre Maulde, Orchies et tout le territoire que nous devrions occuper jusqu'à la Scarpe et l'Escaut.

« La possession d'Ypres a paru si importante... *Il désire que ce soit l'occasion d'une grande bataille*... Les attentions que tu dois avoir principalement pendant cette action sont de couvrir parfaitement ton *flanc droit*...

« Pendant que tu agiras ainsi *sur le flanc gauche de l'ennemi*, l'armée des Ardennes pénétrera dans le pays d'entre Sambre et Meuse, en délogera l'ennemi et fera son passage dans la Belgique par Charleroy en masquant Namur, tandis qu'une autre colonne tirée en partie de l'armée de la Moselle sera dirigée sur

Liège. Ces mouvements doivent s'opérer simultanément avec ceux que tu feras dans la Flandre maritime afin d'éparpiller les forces ennemies; *il faut donc que tu diriges le tout...*

« Il reste à parler de la trouée depuis Maubeuge jusqu'à Bouchain; *ici nous voulons rester sur la défensive,* escarmoucher beaucoup, faire une guerre de postes et éviter les actions décisives car une telle action pourrait nous faire perdre une de nos places importantes; au lieu qu'une défaite de l'ennemi ne nous procurerait aucun avantage que celui de l'avoir fait retirer pour un moment dans la forêt de Mormal... Je pense que quarante mille hommes doivent suffire amplement pour cet objet...

« Il y a maintenant le point de Maubeuge et la haute Sambre à garder. *Le même système défensif doit y être observé.* Il faut réduire la garnison de Maubeuge à 12,000 hommes à cause de la difficulté des subsistances, la renouveler très fréquemment ainsi que l'état-major, faire camper le reste ou occuper Wattignies et tenir à Beaumont un corps d'observation bien retranché.

« *Tel est, général, le système de la campagne prochaine.* Suivant le désir du Comité de Salut public, toi *seul* et les Représentants du peuple, Richard et Choudieu, doivent en avoir connaissance. Tu t'envelopperas envers tous les autres dans le secret le plus profond. »

Quels furent les exploits de nos armées du Nord et de la Sambre?

Formées sous le double commandement de Jourdan et Pichegru en deux colonnes, elles remportèrent des succès devenus célèbres, Fleurus en redit la gloire et formula, en 1794, la réponse au Nerwinden de 1793. La jonction si désirable des deux généraux fut la première conséquence de cette victoire et Bruxelles la seconde. Louvain, Malines et Anvers tombèrent entre nos mains, les Autrichiens durent se retirer derrière la Meuse et le duc d'York sous Bréda.

Telle fut la première partie de la campagne de 1794. La seconde, par le succès de l'armée du Nord sur la Roër, entraîna la retraite des Autrichiens derrière le Rhin, d'une manière définitive.

Le Stathouder avait, certes, protesté dans une proclamation spéciale *contre l'invasion des Français*. Mais il oubliait de dire que la politique de Pitt, maîtresse du cabinet anglais, avait contraint la France à recourir aux armes pour affirmer dans ses victoires la question de l'intégrité de son territoire. Il oubliait que les divers traités dits de la Barrière avaient été inspirés tour à tour par la Maison d'Autriche et par la Maison d'Espagne, sans souci des vieux droits de la France [1] sur le Hainaut et les Flandres, sur le Brabant et le marquisat d'Anvers. Trente ans plus tard, Jomini reconnaissait ses droits malgré la Sainte-Alliance et stigmatise comme il convient cette politique *jalouse et ombrageuse... depuis un siècle !*

Vaincu, et sur le point de perdre les possessions de sa race, le Stathouder fit un appel suprême, le 4 août,

---

[1]. Fait trop peu connu, le *Coutumier général de France*, édité par ordre du roi à la veille de la Révolution, portait en tête du premier volume les coutumes de Brabant, Hainaut.

en séance des États-Généraux. La lecture de l'exposé principal de son discours, éclaircira notre examen.

« La guerre, avouait-il, est dispendieuse : la présente l'est plus qu'aucune de celles qui se sont faites jusqu'ici ; mais elle diffère aussi, par sa nature, de toutes les précédentes parce que nous avons affaire à un ennemi qui se sert de moyens inconnus jusqu'à présent et qui ne compte pour rien la perte de ses colonies, de son commerce, de l'agriculture et de tout bien-être national, pourvu qu'en forçant toutes les ressources de son pays il puisse mettre d'autres nations dans le même état d'épuisement.

« Un tel ennemi n'est pas à combattre avec des finances bornées : la force qu'il faut opposer exige sans doute de grands efforts ; mais ils ne paraîtront jamais trop grands néanmoins, si l'on considère ce qui en arriverait si l'ennemi réussissait dans ses desseins. Je ne puis donc assez recommander à vos Hautes Puissances et aux provinces respectives d'employer tous les moyens possibles afin que les finances soient mises en état de fournir promptement aux dépenses que la protection de la République exige impérieusement.

« L'autre objet dont j'ai parlé n'est pas moins nécessaire ni moins pressant. En effet, que serviraient à l'État des fortifications, des inondations, des bâtiments, si les hommes manquaient pour les défendre ? Il m'a paru qu'on peut considérer cette défense comme étant de deux genres : la défense extérieure et la défense intérieure. »

Celui dont la diplomatie française eût dû rechercher l'alliance, pensait au salut de son pays, tandis que l'Angleterre ne cherchait que dans une conflagration générale *la domination sur les mers*. Ses ambassadeurs spéciaux, lord Granville à Vienne, Windham à La Haye et Paget à Berlin, réchauffèrent contre nous la colère et la jalousie des cabinets coalisés, devenus aveugles, la Hollande allait payer les frais de cette entente.

Le moment est venu de parler du mérite du général en chef de l'armée qui sut accomplir le plan de Carnot. Un rapport du verbeux Barère n'est pas inutile à connaître, il montrera comment on crée les généraux illustres dans les partis.

Le choix de Pichegru fut annoncé à la Convention le 5 février 1794 par Barère, en ces termes :

« Le citoyen que nous présentons pour les fonctions de général de l'armée du Nord est déjà connu par ses opérations et ses succès dans l'armée du Rhin. Elevé à ce grade éminent par la confiance qu'il a méritée, et qui s'est accrue en le voyant obéir le lendemain à celui à qui il commandait la veille, et exécuter en sous-ordre les plans qu'il avait conçus lui-même, il nous a paru, d'après le rapport de Lebas et Saint-Just, représentants du peuple envoyés près de l'armée du Rhin, digne de commander une armée qui doit fortement influer sur la destruction des tyrans et de leurs hordes barbares.

« C'est dans la dernière expédition du Rhin qu'ayant vu passer tout à coup le commandement en chef dans les mains d'un autre général, il dit aux représentants, en les embrassant : « Je n'ai qu'un chagrin, c'est que vous pensiez que cet événement puisse influer sur mon zèle à servir la République. C'est la modestie et la vertu républicaines que le Comité a cru devoir récompenser. »

La proclamation du nouveau chef à sa troupe avait été emphatique et révolutionnaire. Quelques jours plus tard, le 18, les démagogues qui prononçaient et légiféraient sur tout au club des Jacobins, célébrèrent la nomination des triumvirs. Ils parlèrent beaucoup des traîtres, de leurs étendards déshonorés, des travers des troupes et des plans qu'avait conçus Pichegru, placé « en sous-ordre », mais qu'avait exécutés Dumouriez. Ce dernier trait est admirable. Collot-d'Herbois passait aux opérations militaires, politiquement il ne croyait pas si bien dire. Il ajoutait même que ce valeureux soldat détruirait les *aristocrates* et cela *dans toutes les villes où ils auraient attenté à la liberté du peuple* !

Lorsque Jourdan eut été le vainqueur réel par Fleurus, Pichegru se hâta de devancer son collègue à Bruxelles pour attirer à lui l'opinion et annonça la jonction des deux armées comme si elle était due à sa stratégie. Barère en prit texte pour le grandir, rabaisser maladroitement les généraux et les états-majors ennemis, enfin pour attribuer à leurs souverains, qu'il appelait *faussaires couronnés*, la création des faux assignats trouvés en masse à l'étranger. Cette forfaiture internationale était l'œuvre du cabinet britannique, conseillée par Pitt, qui avait créé à Londres un hôtel de fausse monnaie où la papeterie et la gravure consommaient par la contrefaçon la ruine du crédit financier de notre patrie !

Barère, interprète de la Convention, répondit par un

rapport vigoureux sur le succès de Fleurus, illustré déjà par nous en 1622 et en 1690.

« La bataille de Fleurus a commencé avant le jour, à trois heures du matin, le 8 messidor. Il y avait là, de part et d'autre, des troupes d'élite; tout annonçait la résolution bien prononcée de rendre la journée des plus sanglantes.

« L'armée ennemie était commandée, pour la droite, par ce qu'on appelle le prince d'Orange (on rit); par Beaulieu, pour la gauche; la cavalerie, par l'assassin des vieillards, le ci-devant prince Lambesc (mouvement d'horreur); et le discret Cobourg commandait en chef.

« La bataille se donne; trois fois notre armée a été contrainte, par le feu de la nombreuse artillerie de l'ennemi, de se retirer sur les retranchements; mais ces mouvements ne faisaient qu'exciter l'ardeur des républicains, et on entendait d'un bout à l'autre et sur toutes les lignes, ces paroles dignes de Français combattant pour leurs droits : « Point de retraite aujour- « d'hui! point de retraite! » (Vifs applaudissements. — *Honneur aux armées!* s'écrient les citoyens des tribunes.)

« Sans doute les soldats gagnent les batailles; et annoncer une victoire, c'est célébrer leur courage ; mais les bons généraux, les braves chefs et les commandants fidèles ne peuvent être étrangers au succès.

« Nous avons à vous dire du bien des généraux Jourdan, Dubois, Marceau, Lefebvre et Kléber...

« Les républicains aperçoivent au loin une division en uniforme rouge; le décret de la Convention qui a proclamé la guerre à mort contre les Anglais apparaît aussitôt; le général Duhem fait foncer avec la baïonnette sur les habits rouges, au lieu de les faire prisonniers. Pas un n'a échappé aux coups des républicains. (*Bravo! bravo!* s'écrie-t-on dans toutes les parties de la salle ; *Mort aux Anglais !*)

« C'est sur les six heures du soir que Jourdan ramasse les réserves, son artillerie, et fait battre la charge sur toute la ligne ; les républicains ont déjà vaincu; ils font un effort unanime avec des cris de *Vive la République!* A ce moment l'ennemi ne résiste plus à ce choc, et l'armée des tyrans est mise en déroute. (Les cris de *Vive la République!* se font entendre au milieu des applaudissements unanimes.) »

L'honneur français ainsi vengé examinons les titres de Pichegru :

Jomini a tracé de Pichegru un portrait instructif et sa qualité de contemporain ajoute à son mérite. Il voit en lui, « un général de second ordre », d'une réputation surfaite, dans cette campagne « plus heureux qu'habile », et ne voyant jamais le feu, mais propre aux intrigues. Gouvion Saint-Cyr n'en a jamais parlé autrement.

A ses côtés, le favori des triumvirs avait pour divisionnaires des hommes comme Moreau et Macdonald ; rappelons-le, car ce furent surtout ces deux chefs et le digne Souham qui profitèrent avec Vandamme, surnommé l'Impétueux, soit du climat de cet hiver exceptionnel de 1794-1795, soit des fautes de leurs adversaires.

La seconde période de la campagne de 1794 avait

amené la retraite des Autrichiens derrière le Rhin par les victoires de Jourdan sur l'Ourthe et la Roër. L'armée du Nord avait investi Bois-le-Duc afin d'avoir une base d'opérations sûre. Ne fallait-il pas suivre le duc d'York au delà de la Meuse ? La constitution de l'armée hollando-anglaise avait nécessité la division de la nôtre en corps de siège et en corps d'observation ce qui devait l'affaiblir. Une seule ressource d'imprévu restait aux chefs de nos troupes, *la sincérité des mesures du général anglais* préposé à la défense de la Hollande[1]. Les obstacles naturels avaient été aggravés par une série d'ouvrages redoutables et les embouchures multipliées des fleuves couvertes de forteresses et de redoutes. Nul ne pouvait prévoir le rigoureux hiver qui allait éclater et les vraies difficultés allaient se montrer dès que les Français auraient franchi la Meuse.

Bois-le-Duc en notre pouvoir, Pichegru se vit contraint de tenter cette grave opération[2] ; elle fut accomplie avec succès et par Moreau le premier. Ce fut le moment que choisit le général en chef pour abandonner son armée, à vrai dire, aux portes de la Hollande. Il *rentra à Paris* jouir d'un repos qu'il n'avait pas mérité et *usurpa par anticipation la célébrité d'une conquête qui n'était pas sienne*. Voilà ce qu'il est opportun de répéter. Le 9 thermidor avait eu lieu. Pichegru n'ayant plus les triumvirs pour appuyer

---

1. Opinion formulée par les contemporains.

2. Il n'exécutait pas les ordres de Carnot, aussi a-t-on placé à ce moment de sa carrière ses premières trahisons. — Au passage du Wahal, a écrit le fils de Carnot, les Représentants en mission furent obligés de lui signifier *sa destitution* s'il ne se mettait pas en marche dans deux heures. (Mém. de Carnot, t. I, p. 480.)

son génie par hypothèse, il importait au général politicien de se chercher de nouveaux appuis, des défenseurs peut-être et rendre compte secrètement aux émissaires de la coalition accrédités auprès de lui de sa conduite. Hoche, son rival de 93, venait de sortir de prison par les soins personnels de Carnot et pouvait, dans son généreux amour du pays, dévoiler en public ses soupçons.

Pichegru s'enfuit de son armée plutôt qu'il ne la quitta, en proie aux remords, s'enfonçant chaque jour davantage dans ses intrigues et dans ses crimes. Il appartenait à Moreau et à Vandamme d'accomplir des faits d'armes que Pichegru se reconnaissait incapable de produire et encore moins de diriger.

Pour que sa retraite fût ridicule jusque dans les motifs invoqués, les représentants en mission, accrédités auprès de son armée, donnèrent de son départ les motifs suivants : « Pour guérir une maladie de peau résultant des fatigues excessives de la guerre qu'il a faite avec tant d'activité. » Son remplacement devait être momentané. Les représentants l'exaltaient outre mesure dans ses services. Il couronne, disaient-ils, cette mémorable campagne par la prise inappréciable de Bois-le-Duc; et peu de généraux pourraient comme lui avoir commandé pendant deux campagnes plus actives [1]. L'histoire a d'autres devoirs que ces panégyriques et nous protestons contre ces appréciations. Pichegru promettait à la nation des services plus importants encore... On sait ce qu'en pensèrent Desaix

---

[1]. Ces représentants si laudatifs étaient Bellegarde et Lacombe du Tarn. Leur dépêche fut lue à la Convention et imprimée pour ce fait au *Moniteur*. Pichegru revint vers la fin de la campagne.

et Gouvion Saint-Cyr sur le Rhin, le jour où ils s'emparèrent des fourgons des émigrés, le voile tomba !

Nous n'avons qu'à tracer sommairement les faits glorieux du commandement de Moreau.

L'évacuation de Nimègue par les alliés, faute incalculable ; la capitulation de Grave après une défense honorable ; le départ du duc d'York, généralissime anglo-hollandais et son départ pour l'Angleterre ; une tentative inutile du passage du Wahal ; le rejet des propositions de paix du Stathouder par le Comité de salut public enivré mais peu clairvoyant [1] ; un froid inattendu permettant l'accès par la Meuse et par le Wahal sur la glace ; la prise de l'île de Bommel ; la retraite des ennemis derrière l'Yssel ; l'abandon de la province de Hollande ; les appels et les actes du *Parti patriote*[2] ; l'embarquement du Stathouder pour l'étranger, cause première de sa chute, et la Révolution d'Amsterdam, tels furent les événements principaux qui signalèrent la dernière partie de la campagne. Pichegru revint à son armée pour entrer dans les villes que prenaient ses lieutenants.

« Ainsi, s'écrie Jomini, après huit mois d'une campagne *jusqu'alors sans exemple*, les armées républicaines qui, peu de temps auparavant, craignaient pour leurs propres frontières, semblaient menacer de

---

1. Récit de M. de Lacretelle en son *Histoire de la Révolution*.

2. Le Comité secret d'Amsterdam déclara le 31 janvier 1795 à la municipalité stathoudérienne qu'il représentait « la Bourgeoisie entière de cette ville » et se substituant à elle lui signifia que ses fonctions étaient « finies. » Dès ce moment elle rentrait dans la classe des simples particuliers. Le *Moniteur* enregistra l'acte officiel le 9 février suivant.

dicter des lois à l'Europe... Cette campagne fera époque dans l'histoire des nations comme dans celle de l'art militaire. »

L'Angleterre se consola de ses défaites et de l'affront fait à la maison royale en s'emparant des colonies françaises dans les deux Indes et en imposant son pavillon dans toutes les possessions hollandaises. De l'avenir elle s'inquiétait peu et annonçait prophétiquement le sort qui attendait nos conquêtes.

Les Français, s'écria lord Granville au parlement, inquiet des apostrophes de Fox, sont maîtres de la Belgique, mais peu nous importe, ils seront forcés de la rendre à la paix ! A qui, dans quelles conditions et comment ? Voilà ce qu'il oubliait de dire[1]. L'effet moral n'en devait pas moins subsister et à travers la succession des événements qui ont bouleversé ou modifié l'Europe, rien n'a pu atténuer, encore moins détruire, le souvenir des faits glorieux de la campagne de Hollande.

Pour l'Angleterre comme pour les autres nations, l'histoire restera toujours l'histoire, et le départ des armées françaises n'a point fait prospérer dans ces contrées sa grandeur morale, même de nos jours.

---

1. Pitt n'acceptait pas ce sans-façon, car on lit dans son discours relatif à l'Adresse au Roi sur la guerre, la phrase suivante : « Ne succombons pas du moins sans avoir déployé tous nos efforts. Pour moi, je ne veux abandonner le combat que quand mon excuse sera dans l'entière impuissance de la soutenir... Est-ce à nous à descendre au langage de la faiblesse et à l'attitude de la prière ? » Le marquis de Landsdowne et le comte de Derby protestèrent dignement contre la guerre.

II.

La prise de la flotte du Texel a donné lieu à quatre récits officiels et contemporains en 1795; le premier est du général Salm, commandant provisoire de la 4ᵉ division; le second est du général Reynier; le troisième est un ordre du jour; le quatrième un récit du *Cabinet historique*, dénomination du *Dépôt de la guerre* à cette époque.

Le premier est le *Rapport* du gouvernement, le second fut rédigé par un témoin et destiné aux *Mémoires historiques* du *Dépôt de la guerre*. Le 13 décembre 1840, l'auteur du fait d'armes écrivit lui-même une narration succincte à la prière du directeur-général de ce même *Dépôt*, ce qui constitue un quatrième récit. Parmi les vaincus, un officier d'état-major attaché à la personne du duc d'York en a rédigé un utile à connaître et qui est resté inédit comme celui de Salm.

Avant de publier les textes inédits ou les textes qu'il faut discuter, disons quel fut le chef de l'entreprise.

La révolution, résultat de réformes imprudentes et arbitraires, ayant éclaté dans les Pays-Bas autrichiens, en 1787, ses chefs levèrent des troupes. Parmi les volontaires de la province de Hainaut, s'enrôla un jeune bourgeois de Mons appelé huit ans plus tard à une vraie renommée, Lahure, né à Mons le 29 décembre 1767.

Engagé le 22 septembre 1787 à l'âge de vingt ans, Lahure devint, un an plus tard, vice-quartier-maître dans le régiment de Hainaut lors de l'organisation régulière de l'armée belge. Victorieuse en 1789, l'armée des révoltés fut battue et dispersée en 1790. Les militaires réfugiés en France, en 1791, ayant été organisés « sur le pied de rassemblement », au dire de la feuille de service de Lahure, celui-ci en fit partie comme sous-lieutenant. Le 15 avril 1792, il était nommé lieutenant dans la Légion Belgique et capitaine le 1er juin. Sept mois plus tard il passait comme chef de bataillon dans la même légion, devenue le 9 janvier 1793, le 3e de tirailleurs. Ses chefs louaient dans leurs notes confidentielles son patriotisme, son mérite militaire et le donnaient pour un excellent chef de brigade.

Lahure fit toute la campagne, de 1793 à 1795. Audacieux par tempérament, hardi par sentiment des justes revendications de son pays d'origine, connaissant les deux langues flamande et batave, il était désigné par son ensemble de qualités pour être un chef précieux de reconnaissances et d'avant-garde. Il le fut, et c'est à lui que l'on dut la prise de Burne par un coup de main.

Jomini a écrit depuis longtemps que cette campagne fut fertile en surprises et en actions mémorables. Il en cite particulièrement deux qui sont comme l'exorde obligé de celui qui nous occupe.

« Dès le 29 septembre 1794, dit-il, le commandant du fort Crèvecœur le rendit honteusement. On attribua cette reddition prématurée à l'épouvante que lui causa le feu d'une batterie de campagne établie par le général Delmas, sur un coude de digue que les assiégés n'avaient pas eu la précaution de détruire et dont on se couvrit comme d'une espèce de crochet de tranchée. »

Vingt jours plus tard, le général Souham avait reçu l'ordre de protéger le passage de la Meuse pour rejeter enfin les alliés au delà du Wahal. Le 19 octobre, il effectua son attaque par quatre colonnes. Celles qui suivirent les digues y obtinrent des résultats décisifs,

« Sur celle du Wahal, le 9e régiment de hussards, une division de gendarmerie et l'infanterie légère avaient tourné, à gauche de Druten, un bataillon du 37e régiment anglais ; ce corps ayant pris les hussards français pour ceux de Rohan qui le couvraient, et les ayant laissé arriver jusque dans ses rangs, fut obligé de mettre bas les armes. »

Le 27, nos troupes entrèrent dans Wenloo. Mais comment ?

« La prise de cette place tient un peu du merveilleux, comme tout ce qui se faisait alors ; il était difficile de ne pas tout entreprendre contre des ennemis découragés. Le général Laurent, avec une brigade forte de 5 à 6,000 hommes, débuta en ouvrant la tranchée à cent toises du chemin couvert ; sa mousqueterie ne tarda pas à inquiéter les canonniers de la place ; enfin, on établit des batteries de campagne. La garnison déconcertée par une sortie malheureuse, la hardiesse et la proximité des travaux des assiégeants, capitula. Wenloo se trouvait dans le meilleur état ; son armement consistait en 150 pièces de canon bien approvisionnées, la garnison de 1,800 hommes rentra en Hollande sur parole. »

Le 22 nivôse, fait personnel à Lahure, la ville de Burne tombait en notre pouvoir et préparait les esprits à l'acte du 23 janvier. Le général Salm l'annonçait en deux lignes, ce qui permet de dire qu'il jalousait les actes audacieux de son chef d'avant-garde. L'adjudant-général Watrin était plus explicite que son chef dans la feuille de situation qu'il rédigeait comme chef d'état-major de la division.

« Le duodi, dit-il, le commandant de l'avant-garde détacha deux compagnies de chasseurs et carabiniers, pour faire une reconnaissance sur Burne et Kulenburg ; elle entra dans la ville de Burne et y prit poste, le reste de la même division garda la même position.»

Combien de fois n'a-t-on pas vu l'envie de certains chefs paralyser la conduite de subordonnés qui leur déplaisaient ou dont ils redoutaient le mérite? Combien d'actions éclatantes sont restées, pour cette raison ignorées, travesties même ? Combien, avec le temps, sont devenues douteuses ou du moins l'ont paru ? N'est-ce pas un peu ce qui s'est passé pour le Texel ! Et sans le concours inattendu d'une double longévité, n'accorderait-on pas à la carrière, si bien remplie du maréchal Macdonald ce qui fut le caractère saillant de celle du général Lahure ? C'est ce que nous allons démontrer. La lecture du deuxième rapport sur l'affaire de Burne appelle de notre part ces réflexions ; nous espérons que le lecteur, de son côté, les trouvera fondées.

Le récit officiel de l'affaire du Texel offrira une preuve nouvelle de notre opinion.

L'armée française ayant passé le Wahal, le 8 janvier 1795, entra dans la capitale de la Hollande le 23, après une série de succès qui tiennent du merveilleux. Le Stathouder était parti la veille pour passer en Angleterre et avait donné comme recommandation suprême aux États-Généraux de bien recevoir les Français. Ce fut la division du général Bonnaud, officier très distingué, qui eut cet honneur. Victorieuse à Gertruydemberg, à Dorderchtet à Rotterdam, en quatre jours de combat, elle avait hâté par cette triple opération la fin de la campagne. La prise de la flotte devait en être la conclusion décisive.

« Cette expédition où tout sembla s'opérer par enchantement, fit à Pichegru une gloire inouïe ; il fut pendant deux ans le héros du jour. »

Nous n'acceptons pas les éloges décernés pour ce fait, par Jomini. Lorsqu'il déclare que Pichegru conçut l'expédition de la Nord-Hollande, sur le Texel, il se trompe. Il n'existe aucun papier de lui sur cette affaire, et on n'admettra pas la possibilité d'un tel silence de sa part sur une expédition de cette importance. Qu'est-ce, si l'on songe à son résultat politique comme à son résultat moral pour l'armée du Nord, pour le chef qui l'aurait conçue ? Pichegru se permit d'annoncer, en 1793, les victoires de Hoche à Wœrth et Wissembourg, par une lettre officielle à la Convention, alors qu'il n'avait pas assisté aux batailles; l'année suivante, il avait tenu la même conduite avec Jourdan. Après la victoire de Fleurus, en 1794, il suivit, les armées, sur les champs de bataille, Jomini le constate comme une tradition des contemporains, en ces termes : « Son éloignement constant des champs de victoire de l'armée du Nord ont autorisé la critique, etc.» Pourquoi lui avoir attribué un honneur qu'il n'a pas revendiqué, lui qui était si prompt à s'emparer des actions de guerre auxquelles il n'avait jamais coopéré?

Le prodige accompli le 19 janvier 1795 est constaté dans un rapport décadaire où étaient relatés, par ordre chronologique, les faits de guerre dans chaque division des armées républicaines. Le voici avec l'orthographe du temps :

« La division du général Salme a été relevée à Utrecht par celle du général Moreau, et est partie pour se rendre à Amsterdam et dans les villes de la Hollande. On fit prêter serment aux troupes hollandaises, qui s'y trouvaient de ne point servir contre la France jusqu'à parfait échange.

« Toutes les munitions de guerre et magasin en tout genre sont tombé au pouvoir des Français.

« Des vaisseaux étaient arrêtés par les glaces au port d'Helder vis-à-vis le Texel. Le général de Wynter fut détaché avec l'avant-garde et l'artillerie légère pour les sommer de se rendre ou les brûler en cas de refus; il n'éprouva point la moindre résistance et tous les équipages furent faits prisonniers de guerre.

« La division chargée ensuite de la garde de la Nord-

Hollande a occupé les cantonnements indiqués le long du Zuiderzée et de la mer du Nord pour ne laisser sortir des ports aucun des vaisseaux, bâtiments et bateaux qui s'y trouvent arrêtés par les glaces; beaucoup d'émigrés furent trouvés à d'Helder et deux princes allemands y furent faits prisonniers de guerre[1]. »

Ce document que les circonstances ont seules rendu précieux est une copie d'une pièce originale aujourd'hui perdue. Il a été pris aux archives du Dépôt par un employé incapable et illettré, quelque soldat blessé et il fait foi précisément parce qu'il est unique, comme provenant du général qui avait mission de renseigner les pouvoirs publics.

Le deuxième récit officiel sur la flotte du Texel émane, avons-nous dit, du général Reynier. Voici son exposé :

« Le 29 nivôse, la brigade du général Dewinter entra à Amersfoort.

« Le 30 nivôse, des députés de la province de Hollande se présentèrent à Utrecht chez le général Pichegru pour capituler pour toute cette province. Pichegru entra le même jour à Amsterdam.

« ...La division du général Bonnaud passa le Biesbos sur la glace et s'empara de Dordrecht ; le 2 pluviôse, les troupes de cette division étaient à Rotterdam et le 3 à la Haye.

---

1. Extrait des rapports décadaires du 1er au 10 pluviôse, an III, c'est-à-dire du 19 au 29 janvier 1795. — Du général Salm, commandant provisoirement la 4ᵉ division. — Armée du Nord, dossier du 29 janvier 1795.

« ...Le 2 pluviôse, la division du général Macdonald s'empara de Naarden.

« On détacha des troupes dans la Nord-Hollande et on y envoya particulièrement de la cavalerie et de l'artillerie légère pour s'emparer des vaisseaux de guerre hollandais qui étaient pris dans les glaces du Texel. C'est la première fois qu'on ait entendu parler de flotte prise par la cavalerie, mais tout était surprenant dans la campagne d'hyver[1]. »

Cette rédaction, écrite à l'état-major de Pichegru pour le gouvernement, paraît attribuer au général en chef l'initiative de l'entreprise et c'est à elle sans doute que Jomini aura demandé son allégation. L'histoire veut d'autres témoignages, celui du maréchal Macdonald, alors divisionnaire à cette armée, nous les fournira quarante-cinq ans plus tard.

Un ordre du jour formule la troisième version officielle datée de 1795, du 6 au 7 pluviôse.

« L'armée du Nord, y est-il dit, secondée par la nature qui semble applaudir à son courage vient d'arborer l'étendard de la liberté. Amsterdam, la Haye, Rotterdam, etc., sont occupées par les troupes de la République. Une grande quantité de vaisseaux, de transports anglais sont en notre pouvoir[1]. Cette nouvelle conquête, en couronnant les travaux immenses

---

1. Extrait du quadruplicata n° 21, série des *Mémoires historiques*. — Exposé des opérations des armées du Nord depuis l'arrivée de Pichegru jusqu'à son départ pour Rhin-et-Moselle, par le général de brigade Reynier.

Ce fragment a été imprimé textuellement dans l'ouvrage *Victoires et Conquêtes*, mais sans contrôle aucun.

de l'armée du Nord, va procurer à la République de nouveaux moyens pour combattre ces lâches ennemis. »

Comme le récit du général Reynier, celui-ci fut écrit par ordre de Pichegru, son titre, son esprit et son but l'attestent.

Nous allons voir si le journal militaire du *Cabinet historique*, dénomination du *Dépôt de la guerre* sous le *Comité du Salut Public*, fut plus exact.

Ce travail (inédit) a été communiqué dans le temps au général Berthier, avant qu'il ne devînt major général de Napoléon, ce qui lui attribue une certaine valeur. On lit en tête du premier cahier : « A été envoyé au citoyen Berthier. » Cette note marginale doit être du général Dupont, directeur du *Cabinet historique* après Clarcke et Bonaparte. On va voir que l'affaire du Texel n'a pas été suffisamment et légalement établie dès le début des rapports militaires par la faute de Puibeyrac.

« Les places de Villemstadt, Gorcum, Bergopzoom, la flotte hollandaise retenue par les glaces dans le Texel, les ports de La Briel et de Hellevort-Huys sont au pouvoir des Français. Ils doivent la prise de ce dernier port au général Bonneau qui, instruit que les Français y étaient prisonniers, que 800 Anglais s'y étaient retirés pour s'embarquer, a fait part au commandant de ce port, Stourg, qu'il connaissait pour patriote, de ses projets et Stourg a armé secrètement les prisonniers. »

---

1. Les mots transports anglais sont une erreur évidente ; ils prouvent une chose, la haine que suscitait le nom anglais et on le voyait là où il n'était pas.

Ce qui ajoutait à la renommée du général en chef en 1795 ne devait pas aider la tâche des historiens de cette guerre. Ce n'est pas seulement sur le Texel que Pichegru imposait le silence quant au récit détaillé de l'entreprise; nous en avons un témoignage accablant dans une note marginale écrite par l'officier chargé, sous la République, de réunir et compulser les documents relatifs à cette merveilleuse campagne. Il a constaté au registre 37, à la date du 9 pluviôse, qu'il n'était pas fait mention dans la correspondance (aux armées), « quel jour et comment ces places et ces ports furent occupés par nos troupes ». Et le Cabinet historique ne chercha point à réparer ces omissions du vivant des intéressés! Cinq ans plus tard, Pichegru disparaissait par une mort violente de la scène politique; rien ne s'opposait plus à ce qu'on rendît à chacun sa part et ses œuvres.

Ces actions mémorables ne s'étaient pas accomplies cependant sans inquiéter vivement les comités à Paris. Les membres du Comité de Salut Public notamment avaient exprimé leurs craintes militaires par suite de la rareté des nouvelles qu'ils recevaient, ils trouvaient leur attente trop longue, surtout pour une distance relativement aussi peu éloignée de la capitale. Aussi, le 31 janvier, une dépêche fut-elle envoyée au quartier général de Pichegru. C'était, remarquons-le bien, une lettre autographe de Carnot agissant seul au nom de ses collègues de la Section de la guerre, fait à peu près constant de sa part durant son passage aux affaires, de 1793 à 1797. Carnot disait ses craintes et ses espérances, en paroles prophétiques.

« Nous ne pouvons, chers collègues, vous dissimuler

plus longtemps la vive inquiétude que nous donne la privation où nous sommes de vos nouvelles depuis le 2 de ce mois, lorsque vous nous informâtes de votre entrée dans Amsterdam. C'est notre impatience à cet égard qui nous détermine à vous envoyer un courrier extraordinaire.

« Nous attribuons votre silence aux mouvements des colonnes de l'armée que nous supposons dirigées vers le Texel et la Zélande.

« La conquête de cette province n'est pas moins importante que celle de la Hollande. »

La Correspondance aux armées, que le général baron Pelet, directeur général du Dépôt de la guerre en 1840 notamment, a dépouillé en partie de la correspondance des représentants du peuple en mission aux armées, ne donne rien sur l'affaire du Texel. J'ai cru devoir rechercher dans le *Moniteur*, comme je l'ai fait pour d'autres travaux avec succès, trace de cette correspondance. La dépêche de Carnot était adressée en effet aux représentants Bellegarde, Lacombe et leurs collègues. Par une vraie fatalité, le mois de pluviôse an III ne donne que deux Rapports, ils ont été imprimés à deux dates diverses. Pelet en fit lecture à la Convention le 17 février. Les représentants disaient :

« Depuis la lettre que nous vous avons adressée le 2 de ce mois, chers collègues, les mouvements politiques et révolutionnaires que l'invasion de la Hollande a occasionnés ont pris une consistance tous les jours plus solide et plus importante... D'immenses magasins appartenant aux Anglais sont à votre disposition. On va s'occuper à en dresser des inventaires. »

Que conclure? que les rapports des généraux sont incomplets et que ceux des Représentants le sont davantage encore sur la conquête d'un pays qui fut menée au pas de charge, vive et imprévue.

Le registre des mouvements, dirons-nous encore, ne porte aucun ordre relatif au Texel, ni pour l'infanterie ni pour la cavalerie. Ceci est très grave et ne saurait échapper en importance aux militaires. Il ressort de la correspondance du chef de l'état-major général de l'armée, qu'aucun ordre n'a été donné par le grand quartier général à aucune division en ceci.

Le moment est venu d'exposer la part d'initiative qui appartient au général Lahure, alors chef de bataillon de troupes belges, à l'affaire du Texel proprement dite. Le lecteur doit être devenu apte à se prononcer.

III

C'est en 1840 seulement que la première polémique a été engagée, et c'est l'organisation artistique des galeries du palais de Versailles qui en a été le signal. On sait que le roi Louis-Philippe avait pensé que la magnifique création du roi Louis le Grand pouvait être employée à consacrer les gloires nationales. Aussi avait-il chargé des peintres éminents de fixer par le pinceau les faits les plus mémorables de l'Histoire de France, à toutes les périodes de cette histoire, sans acception de parti religieux ou de parti politique, et sans anachronisme ou interruption, depuis la fondation de la Monarchie jusqu'à la fin de la Révolution et de l'Empire. De là, des toiles historiques reproduisant les plus belles scènes de la vie militaire, de la vie civile, et même de la diplomatie. Louis XIV, du reste, avait le premier donné l'exemple à l'imitation des Papes et des Républiques italiennes, tradition glorieuse reprise des Romains qui l'avaient eux-mêmes empruntée au génie grec. La vie militaire devait tenir et tient une place spéciale dans les galeries de Versailles ; de là notamment la série dite les salles des batailles qui se subdivisent par époques. Pour la Révolution elles forment un ensemble admirable. La Conquête de la Hollande devait avoir ses toiles propres ; elle les a.

Le jour où l'on voulut consacrer l'épisode du Texel, il fallut recourir aux archives du Dépôt de la guerre. On s'aperçut alors, c'était en 1840, de l'absence de dépêche spéciale relatant le fait ; nul rapport n'existait, soit de l'état-major du grand quartier général, soit de l'état-major de la division où avait servi Lahure. Pour achever l'imbroglio, on constata que la 4ᵉ division avait été privée de son général divisionnaire au moment où se produisit l'action. Les représentants en mission avaient été aussi avares de détails, la politique ayant absorbé leur zèle, et l'idée propagandiste républicaine avait fait le reste. Le beau système maratiste et triumviral de la République Universelle avait absorbé les fruits du génie militaire, indifférent ou opposé à ces folies démagogiques peu faites pour séduire des hommes aux prises, depuis quatre ans, avec la réalité. Tout s'accordait donc pour enfanter le silence.

Le directeur général du Dépôt était un général distingué, fanatique des grands souvenirs de l'épopée révolutionnaire et de l'épopée impériale. Je ne jurerais pas qu'il ne fût plus zélé pour la seconde que pour la première phase de nos grands succès. Mais le baron Pelet était un esprit trop juste pour vouloir sacrifier, surtout de parti pris, une question, une action d'éclat, ou un ancien ou bien un camarade. Aussi se livrat-il à des investigations nombreuses. Il écrivit au général Lahure, on ne sait trop sur quels indices, car on n'a pas la lettre de service qu'il lui adressa. On a heureusement la réponse, et en 1880 vivait encore au Dépôt le dessinateur officiel des aquarelles et dessins du ministère de la guerre, qui avait, sous la direction Pelet, fait des recherches et assisté au récollement des papiers militaires sur la Hollande en 1840. Quant au Texel il était donc un témoin précieux et fortuit. Mon devoir était de le consulter, je le fis alors avec les éléments de la présente étude en main. Mes questions furent précises, nombreuses et toujours réitérées; toute erreur ou équivoque était impossible, et j'obtins les renseignements que je publie aujourd'hui.

Mes recherches personnelles avaient des précédents. Le général Pelet avait constaté par lui-même et par les officiers d'état-major employés sous ses ordres à la section historique, l'absence de papiers ou de récits détaillant les conditions dans lesquelles s'était accomplie la reddition, à nos troupes, de la flotte hollandaise. Ni la correspondance générale, ni la correspondance militaire, ni le registre du général Liébert, chef de l'état-major de l'armée du Nord, ni les arrêtés des représentants du peuple n'exposaient la préparation de l'expédition ou ses phases. Comment dresser un croquis dans cette pénurie de renseignements? Comment affirmer par les ingénieurs géographes ou par le dessinateur officiel du Dépôt un fait unique, alors que les éléments spéciaux manquaient?

Le Dépôt de la guerre comprend un ensemble de

quarante mille cartes diverses, françaises et étrangères comme origine, comme but et de toutes langues, de l'Europe à l'Orient. On trouve dans ses archives un *Atlas historique* militaire qui retrace les camps, les positions, les marches et les attaques, les batailles ; enfin les *Dessins aquarelles* commandés par le ministre de la guerre et retraçant tel fait militaire qui honore l'armée. Le général Pelet ne trouva aucune carte sur l'affaire du Texel, l'*Atlas historique* était tout aussi muet, et, faute de rapport spécial, il n'osa dresser de dessin. Les archives du personnel étaient également silencieuses. En présence d'une situation qui est un fait mais dépourvue de documents techniques probants, on renonça au projet d'immortaliser cette action militaire, du moins au ministère de la guerre.

La raison la voici, elle est toute scientifique et prouve le respect que l'on professe au Dépôt pour la manière de traiter les questions historiques par la topographie. Les dessins du Dépôt ont pour règle première l'exactitude, la fidélité ; mais il faut pour cela des documents sur le fait lui-même et l'étude du terrain. Or, l'on n'avait à peu près rien sur l'action en elle-même, et de 1795 à 1840 l'état des lieux a été modifié. Aussi, en 1880, le dessinateur conseillait-il de s'en rapporter au tableau actuel peint pour la galerie des batailles par Charles Limozin et qu'il estime pour exact. Tous autres dessins sont fantaisistes ou sans autorité.

Mais comment le peintre put-il être amené à pouvoir faire dire de lui par les militaires et par les peintres qu'il était exact ?

C'est ici qu'intervint une lettre du général Lahure en personne.

Le 13 décembre 1840, il écrivit une lettre des plus officielles au général Pelet, dans laquelle il fit l'exposé sommaire de sa carrière. Il n'y a point grande supposition à prétendre en disant que cette lettre a le caractère d'une réponse, et qu'elle constitue un acte officiel juxtaposé à un autre acte officiel qui était une demande officielle. Bien plus, la lettre de l'intéressé est devenue un papier de l'État et figure, par ordre du maréchal Soult, alors ministre de la guerre, dans les Archives du Personnel. Pour avoir pu en prendre copie, quant à l'extrait qui seul nous intéresse, il a fallu une autorisation ministérielle.

Voici l'exposé du général Lahure :

« Je commandais l'avant-garde d'une des divisions de l'armée du Nord, en 1794, et c'est moi, alors chef de bataillon, qui ai imaginé et exécuté, avec une compagnie de tirailleurs montés en croupe d'un escadron de chasseurs, la prise de la flotte hollandaise retenue dans la glace au Helder. J'opérais alors *seul* dans la Nord-Hollande avec l'avant-garde que je commandais, et j'étais tout à fait *détaché* de l'armée. Voir la notice *rectifiée*[1] de la galerie de Versailles. »

L'importance de ce court exposé ne saurait échapper au lecteur. La date de 1794, que donne le général, ne reporte nullement l'affaire à cette année-là, comme pourraient le croire des esprits trop prompts ; elle prouve de la manière la plus certaine que Lahure a été un chef d'avant-garde dès 1794 et rien de plus.

1. Le mot « rectifié » est souligné dans l'original de la main de Lahure.

Quant au chef de l'entreprise du Texel, elle atteste qu'il était déjà un officier d'élite par le poste à lui confié et par la durée de temps pendant lequel il l'occupa. Je souligne les mots *seul* et *détaché* parce qu'ils expliquent d'une manière indubitable l'absence de documents.

Le général Salm a certainement reçu un rapport du chef de l'avant-garde sur ces affaires. Ils n'existent plus. Pourquoi n'en aurait-il pas reçu un spécial pour la prise de la flotte ? Malheureusement il n'en existe aucune trace au Dépôt de la guerre et les papiers du général Salm n'y abondent pas. On a lu celui qu'il rédigea en pluviôse, mais son laconisme est déplorable. Il semble que tous les chefs se soient entendus, de la quatrième division au grand quartier général, pour étouffer l'auteur ou pour s'en arroger le mérite à son détriment. Pichegru se contenta de l'effet produit par une communication qui a disparu, mais qui dut être brève et sans détails. La campagne ayant eu lieu au pas de charge, selon l'une de ses expressions favorites, on ne fut pas, comme pour le Rhin, avide de détails, le résultat seul importa. Bien d'autres chefs auront dû souffrir de ce système ; Lahure a pu échapper à raison de son originalité, de sa propre longévité et de la création des galeries militaires de Versailles.

Un récit instructif, provenant d'un officier d'état-major (ancien émigré) attaché à la personne du duc d'York, est utile à citer encore. L'adjudant-général colonel d'Arnaudin, de l'ancien corps des ingénieurs géographes français, ayant abandonné son drapeau « vers les premiers mois de 1793 », d'après son aveu, fut accueilli au quartier anglais. Il y servit « en qualité de capitaine des ingénieurs étrangers entretenus par la Grande-Bretagne pour la durée de la guerre ». Il a laissé un historique complet des opérations[1], et son opinion ne saurait nous être indifférente vu son origine, ses connaissances et sa position chez les coalisés. Son titre de transfuge donne, au contraire, une saveur à ses constatations, que le lecteur partagera avec l'auteur de ce travail.

« Il ne s'agissait donc plus, dit-il, que de prendre des précautions pour sauver ou brûler les magasins établis à Helvorthuys, Rotterdam et Utrecht, et malheureusement on n'eut pas le loisir d'y réussir en totalité. Il eût été par-dessus tout de la plus grande importance de sauver la flotte hollandaise ou au moins de la détruire ainsi que les magasins et approvisionnements relatifs à la marine. Mais pour cela il aurait fallu se trouver en force dans le voisinage de Flessingues et du Texel, les deux points principaux de rassemblement des forces maritimes des Hollandais ; et les troupes britanniques en étaient fort éloignées. D'un autre côté, les bourgeois formés en comités d'observation paraissaient déterminés à apporter la plus grande opposition à ces dispositions qui n'ont pas même été tentées[2]. »

Le système fut donc toujours le même, détruire et brûler, moyen d'enrichir les marchands de la Cité et les constructeurs de la Tamise en invoquant l'intérêt de la patrie et l'honneur de la coalition. Le coup du

---

1. *Histoire de l'Armée du Nord*, de 1793 à la paix de Bâle. — Série des *Mémoires historiques*, 2ᵉ époque, 2ᵉ subdivision, n° 19, en 2 vol. in-folio.

2. Au t. II, 4ᵉ part., chap. 4, p. 362.

Texel fut si sensible au cabinet britannique que Pitt le passa sous silence au Parlement, dans la discussion de l'Adresse au roi. Le fait n'en existait pas moins. Le récit laissé par d'Arnaudin l'atteste pour lui-même et pour la facilité avec laquelle on put l'accomplir. Voilà ce qu'il faut en retenir. Le désespoir du Stathouder vaincu et le désordre de l'état-major anglais expliquent la facilité du coup de main tenté avec succès contre la flotte batave, et au lieu d'amoindrir l'action de Lahure ajoutent à l'éclat avec lequel il sut agir [1].

Voici qui est plus explicite encore quant au rôle inattendu joué par la cavalerie dans cette affaire :

« Un corps de trois ou quatre cents de ces derniers, principalement composé de cavalerie avec de l'artillerie légère, arriva bientôt après, postérieurement au 20 janvier, et au nom de la République française, ils prirent possession de la flotte du Texel qui consistait en douze vaisseaux de 72 à 32 canons après avoir fourni l'exemple unique jusqu'à présent d'une flotte prise par de la cavalerie [2]. »

Il n'a plus suffi dans cette affaire, aux esprits chagrins, de paraître contester l'acte de Lahure, ils ont contesté l'action elle-même, ils l'ont classée parmi les légendes et cela officiellement. Armé des documents qu'on vient de lire, nous protestons hautement;

---

1. *Mémoire sur la campagne de Hollande*, t. II, ch. 4.

2. Thiers a imprimé dans son *Histoire de la Révolution* que « Pichegru envoya des divisions de cavalerie » pour prendre la flotte. On ne saurait trop répéter combien son ouvrage si célèbre est nul de pièces originales et présente une trop fidèle analyse des faits tels que le *Moniteur* les exposa durant les événements.

il reste à discuter l'affirmation formulée à l'École supérieure de guerre en 1880 dans le cours de tactique de la cavalerie.

L'auteur a étudié la question du Texel et celle de Somo-Sierra sous ce titre : « Légendes de la cavalerie française, » dans un but louable très certainement, mais que pour le Texel je n'accepte pas. Je n'ai pas à m'occuper ici de celle qui est relative à Somo-Sierra. Afin de détruire l'affaire du Texel, le professeur a pris deux pièces qui lui ont paru irréfutables et a, on ne sait pourquoi, négligé l'opinion de Jomini, un contemporain cependant et une autorité.

Les deux pièces dites irréfutables sont : 1° la feuille de situation du général Salm, qu'il a isolée du rapport décadaire rédigé par le chef d'état-major général Liébert bien à tort ; 2° l'ordre donné sous forme de « Résolutions » par les États-Généraux des Provinces-Unies de se rendre partout sans combattre.

Je réponds et je réplique :

On connaît par mes appréciations antérieures ce que je pense du premier moyen ; voyons ce qu'il faut accorder de valeur au second, car il est inutile de renouveler une discussion épuisée soit dans les textes produits, soit dans les preuves qu'ils fournissent.

Les Résolutions des États-Généraux, édictées le mardi 20 janvier, figurent au dossier de l'armée du Nord, à cette date, et ont paru dans une publication militaire hollandaise qui a voulu amoindrir, de l'aveu du rédacteur, la portée de l'affaire. La patrie de Guillaume le Taciturne et de Guillaume III, de Van Tromp et de Ruyter peut-elle être amoindrie dans ses gloires par l'action de 1795 ? Je ne le pense pas et j'estime que c'est pousser le sentiment de l'orgueil national hors de ses limites que de le porter à édicter ce jugement.

La pièce dont j'accepte l'authenticité, et que nul n'a le droit de nier, ne prouve rien selon moi.

Les États-Généraux divisés en deux camps, le parti du Stathouder et le parti de la Révolution française, ont vu que tout était perdu dès la reprise de la campagne par Moreau après la chute de Bois-le-Duc. Ils n'en ont plus douté à l'attitude du Stathouder et à la facilité avec laquelle ils voyaient s'accomplir la conquête de leur patrie. Mus et inspirés par des sentiments divers, ils se sont empressés de sauver leur honneur militaire dans l'histoire ou de prévenir par les Résolutions une effusion de sang inutile, enfin un désastre qu'il était facile de prévoir, que la postérité et leurs concitoyens n'auraient point tardé à leur reprocher !

On s'est battu néanmoins après que ces Résolutions ont été prises, les faits le redisent; donc leur contenu ne peut infirmer la valeur des actes accomplis, les armes à la main, après le 20 janvier.

Bien plus, ces Résolutions furent de la part des Etats-Généraux un acte politique ; elles affirment une déchéance du Stathouder embarqué à Scheveningue et restent à ce titre une victoire marquée du parti français contre le parti anglais.

Les publicistes du cabinet de Londres et les publicistes favorables au prince déchu l'ont envisagé ainsi. La narration du colonel d'Arnaudin en témoigne à diverses reprises, on l'a vu par les deux citations que nous avons données de son ouvrage inédit.

Le rôle de la cavalerie est incontestable d'après les mêmes *Mémoires* [1]. Or, il ne faut pas oublier que d'Arnaudin était acteur souvent, témoin toujours, puisqu'il appartenait à l'état-major général du duc d'York, qui a joué dans cette période un rôle si considérable comme général et comme diplomate.

Que répondre à tant de témoignages émanés de son entourage et d'un confident?

Les récits organisés par les Hollandais pour les besoins de leur cause, mal entendue, sont sans valeur.

On s'est battu jusqu'en février, le texte des capitulations des provinces l'établit. N'est-ce pas définitif?

L'une d'elles, celles de Zélande, s'occupe de la flotte du Texel, cas heureux, et la cite nominativement. Ce document n'est pas même « inédit ». Il fut imprimé au *Moniteur* le 19 février 1795. Nul encore n'y a pris garde. Son texte porte : « Capitulation de la Zélande datée du 3 février et signée par les députés de ce pays et par le général Michaud. » On s'est donc battu jusqu'au 3 février pour le moins. Que voulaient ces députés? Qu'il n'y eût point de garnison française en Zélande. Michaud leur répondit avec bienveillance qu'on en enverrait pour la police, pour la garde des vaisseaux et celle de l'île de Walcheren.

Que devient, ainsi examinée, la leçon de l'École supérieure de guerre?

La conclusion est facile à tirer : le général Lahure.

---

1. J'aurai à prononcer ici sur le différend qui a éclaté entre deux régiments de hussards pour savoir lequel se trouvait à la prise de la flotte. C'était au ministère de la guerre à les départager, en 1880 ; il eût dû le faire, lors de la distribution des drapeaux. Quant à l'artillerie et à l'infanterie, il ne s'est pas produit de contestation les concernant.

commandant le 3ᵉ bataillon de tirailleurs[1] *est le seul auteur du fait d'armes du Texel* et cette partie des troupes était belge. La cavalerie envoyée en détachement a compris plusieurs escadrons avec une compagnie d'artillerie; les situations et le récit de Lahure le confirment. En outre, ils concordent entre eux. La question est jugée.

C'est en ce sens que le maréchal Soult a prononcé, en 1841, à la suite du débat qui s'était engagé l'année précédente, à l'occasion du tableau du peintre Limozin et le maréchal était alors ministre de la guerre, donc le chef de l'armée. Son nom suffit pour redire son glorieux passé, de Wœrth à Toulouse, et ajoute de ce fait à l'importance de la déclaration officielle. Le maréchal Macdonald, dont on avait peint le portrait sur le tableau des galeries de Versailles protesta dans une lettre rendue publique. Il déclara avec l'autorité de ses services et la probité de sa carrière que son ami, le général Lahure, était l'auteur de la prise de la flotte du Texel et sut exiger que ses traits disparussent pour reproduire ceux de l'officier qui avait eu l'honneur de concevoir et d'exécuter ce prodige.

Le tableau figure dans la salle des campagnes de 1795 et 1796[2] avec l'inscription suivante : « La cavalerie française, sous les ordres du commandant Lahure, prend la flotte batave dans les eaux du Texel, 21 jan-

---

1. Le 3ᵉ bataillon, appelé tantôt chasseurs, tantôt tirailleurs, comprenait 1,198 hommes, d'après la feuille du 10 pluviôse. (Dép. guer.) Cet état est dit incomplet en ce sens qu'au dénombrement des troupes il ne joint pas leur mouvement; mais ceci n'a aucune importance.

2. Voir au premier étage donnant sur la cour de marbre, en face les appartements de Louis XV. — Numéro d'ordre, 2284.

vier 1795. » Au premier plan, des escadrons de chasseurs à cheval, des pièces d'artillerie braquées sur une flotte composée de bâtiments de haut bord, quelques officiers de diverses armes à cheval forment groupe, ils occupent le centre du tableau et appellent immédiatement les regards des spectateurs.

En tête, paraît un officier supérieur, armé d'une lunette d'approche, c'est Lahure ; monté sur un cheval noir, il donne des ordres qui ne souffrent pas de réplique à un officier de cavalerie.

On distingue à droite, ce qui confirme par le pinceau le récit rectificatif du commandant devenu général, un groupe de cavalerie qui porte en croupe des fantassins en tenue de campagne. A l'extrême gauche et au second plan, quelques escadrons et les fourgons d'une batterie d'artillerie opèrent un mouvement tournant par lequel la flotte est entourée. On trouve encore, au pied des bâtiments, un fort escadron de chasseurs à gauche.

Enfin, sur la droite, un certain nombre de pièces sont mises en batterie et menacent la flotte d'une destruction immédiate. Les servants sont à leur poste et les positions assignées sont prises ; les uns ont la mèche allumée en main, les autres se tiennent auprès de l'affût et certains font la manœuvre ; c'est bien là le moment de la reddition que le peintre a retracé, l'effet est saisissant.

Les portraits de Pichegru et de Macdonald ayant disparu, celui de Lahure est seul resté. L'histoire l'a vengé, lui et les troupes belges d'origine.

L'intention du Comité, avait dit Carnot à Pichegru, est que tu ne laisses pas à l'ennemi le temps de respirer. L'armée du Nord fit sienne la décision impérieuse du Comité. Nous voulons finir cette année. C'est à l'action d'éclat du chef de bataillon belge[1] Lahure que fut due cette conclusion de la campagne d'où allait sortir la grande paix, dite la Paix de Bâle, premier témoignage de la fraternité des peuples affirmée par la Révolution française dans le sang de ses défenseurs.

---

1. Composition des troupes belges au service de la France, de 1792 à 1794, à l'Armée du Nord.

Dès le 20 avril 1792, le ministère de la guerre accepta sous l'impulsion de Dumouriez des enrôlements volontaires en Belgique et en Hollande. En 92, légion liégeoise, 1er et 2e bataillon de chasseurs, 3e de Gand. En 93, 1er de Bruges, 1er de Tournay, 3e et 4e belge, 28e chasseurs, 4e d'Anvers, 18e belge. (Dict. Amiot, manuscrit, au Dépôt, t. I.). En 94, 1er bataillon de Jemmapes, servit à l'armée de l'Ouest, en Bretagne et Vendée avec les chasseurs de Paoly.

IV

Le moment est venu d'exposer dans l'affaire de la flotte hollandaise, le rôle de la cavalerie. Les pièces relatives à celui des régiments de Hussards qui a accompli les hauts faits du Texel n'ayant jamais été publiées, nous les reproduisons ici.

Et d'abord où était le quartier général de la division Salm, du 1ᵉʳ au 10 pluviôse? N'est-ce pas le premier point à établir dans le débat? Sur ce point, il n'a jamais existé de dissidence, et c'est fort heureux parce que la question des hussards pourra être tranchée par ce fait; or, ce dernier n'est contesté par personne et ne peut l'être en raison de l'abondance des détails et de la précision que fournit la feuille où est détaillé le mouvement des troupes pendant la décade.

Le quartier général, c'est Amsterdam.

La division Salm comprenait : 38ᵉ demi-brigade à deux bataillons, 1ᵉʳ et 2ᵉ; 131ᵉ demi-brigade à trois bataillons, 1ᵉʳ, 2ᵉ et 3ᵉ; 3ᵉ bataillon de tirailleurs (Lahure); 5ᵉ de chasseurs francs (belges); 8ᵉ régiment de hussards, détachement; 13ᵉ bis régiment de chasseurs à cheval, détachement; 1ᵉʳ et 3ᵉ escadrons de la 4ᵉ compagnie du 8ᵉ régiment d'artillerie légère; détachement de la 20ᵉ compagnie du 6ᵉ régiment d'artillerie; détachement de la 29ᵉ division de gendarmerie à cheval.

Quel fut le mouvement des troupes pendant la décade? La feuille officielle donne la réponse officielle pour Lahure et le 8ᵉ hussards.

3ᵉ bataillon de tirailleurs belges : 1 Montfort, 2 Harlem, 3 Alkmaar, 4, 5, 6, 7 et 8 le Helder, 9 Alkmaar et le Helder, 10 Alkmaar et le Helder.

8ᵉ de hussards : 1 Amsterdam, 2 Amsterdam et Harlem, 3 Amsterdam et Alkmaar, 4, 5, 6, 7 Amsterdam et le Helder, 8 le Helder, Medesblich et Erknisen, 10 Amsterdam, Hoorn, Medesblich et Erknisen.

Il existe à la colonne des observations une explication par amplification qui est manuscrite et de la main du chef d'état-major de la division, J.-F. Watrin, adjudant général.

Voici le récit de l'affaire navale, copiée par le Dépôt de la guerre à la correspondance aux armées sous le titre : Extrait des rapports décadaires. On y lit :

« La division du général Salm fut relevée à Utrecht par celle du général Moreau... Des vaisseaux ennemis étaient arrêtés par les glaces au port du Helder, vis-à-vis le Texel. Le général Dewynter fut détaché avec l'avant-garde et l'artillerie légère pour la sommer de se rendre, ou la brûler en cas de refus. Il n'éprouva pas la moindre résistance et tous furent faits prisonniers de guerre. »

Nous n'avons pas à réfuter l'attribution au général Dewynter ; ce qu'on vient de lire précédemment a répondu à cette fausse assertion que l'autorité du maréchal Macdonald condamne sans appel.

Quelle était la composition de la cavalerie dans chacune des divisions de l'armée du Nord, du 1er au 10 pluviôse ? Et d'abord, combien y comptait-on de divisions ? En forces actives, il y avait sept divisions, commandées par Moreau, Macdonald, Salm (brigadier) et Delmas, Bonnaud et Le Maire, Eblé. En outre, dix divisions de dépôts pour les différents corps de cavalerie existaient en arrière, Carnot ayant décidé que cette arme ne coopérerait à peu près pas à la campagne de Hollande. L'instruction à Pichegru le témoigne. Parmi les généraux de ces dépôts figuraient Laubadère et Michaud, connus sur le Rhin. La division Eblé formait l'artillerie de toute l'armée et fournissait ses compagnies selon les nécessités du service à chacune des divisions.

Ces dernières comprenaient les corps de cavalerie suivants, pour les troupes actives :

A la division Moreau, sous le commandement temporaire de Vandamme pendant l'absence de Pichegru, le 5e hussards, qui relevait de la brigade Compère, fort de 745 hommes.

A la division Macdonald, le 9e hussards, brigade Dewynter, de 1,169 cavaliers.

A la division Salm, aucun régiment de troupe à cheval ne figure dans la situation du 1er pluviôse de l'état-major général.

A la division Delmas le 8ᵉ hussards, de 532 hommes, mais il était en marche pour rejoindre sa brigade (Daendels).

A la division Bonnaud, comptaient le 2ᵉ dragons pour 1,040 cavaliers, et à la division Le Maire le 10ᵉ hussards pour 601 hommes.

Si l'on examine les situations respectives des divisions Salm et Vandamme du 21 au 30 nivôse, on voit que cette feuille ne mentionne pas de troupes à cheval quelconques, parmi celles du général Salm, soit dans la composition des brigades, soit dans les mouvements des troupes. Mais on trouve aux Observations le 8ᵉ hussards cantonné à Kulenburg le quintidi, à Amsterdam le décadi. Enfin, le 3ᵉ tirailleurs, Lahure, point. Quant à la division Vandamme la feuille du 1ᵉʳ au 10 pluviôse mentionne le 5ᵉ hussards comme ayant servi dans cette division avec 4 escadrons, forts de 588 cavaliers.

Les différences d'effectifs entre les régiments à cheval et leurs mouvements variables ont donné lieu de la part du chef de l'état-major de l'armée, général Liébert, à une série d'observations qu'il importe de connaître. Il a fait, de sa main, le récit suivant, sous ce titre : « Rapport détaillé sur les motifs de la différence du dernier état de situation. » On y lit :

« La différence en diminution de 1,206 hommes sur l'effectif, provient des pertes essuyées par l'armée. L'augmentation de 884 hommes sur le total des troupes à cheval est occasionné par différents dépôts qui ont rejoint leurs corps. Sur les cinq escadrons de hussards d'augmentation dans le présent état, un **seul est effectif**; il se trouve dans le 3ᵉ régiment de hussards. Les quatre autres escadrons proviennent de la réunion du 10ᵉ de hussards qui ne portait pas le nombre d'escadrons qui le composent lorsqu'il était disséminé. Cette augmentation ne porte donc précisément que sur les escadrons, elle n'influe en rien sur l'effectif des hussards. »

Je crois maintenant qu'on peut discuter en parfaite connaissance de cause et prononcer après la lecture des documents précités.

La cavalerie envoyée en détachement a compris plusieurs escadrons avec des compagnies d'artillerie. Les états de situation divisionnaires et ceux intitulés « Rapports décadaires » le confirment. En outre, ils concordent entre eux, aussi bien que le récit du général Lahure.

A quel régiment de hussards faut-il attribuer l'action, voilà pour le 5ᵉ, la seule question en litige.

Les régiments de hussards, illustrés au Texel, voudraient, la plupart, y avoir concouru, du moins ceux qui ont fait la campagne. L'histoire n'a que des devoirs à remplir, que la vérité à respecter.

Les feuilles de situation et nulle pièce spéciale, officielle, ne relate en énumérant les corps qui y prirent part, la prise de la flotte hollandaise, du moins en ce qui concerne la cavalerie. Il y a une double explication à cela :

1° La constatation officielle détaillée a pu exister, avoir été égarée, ou bien avoir été soustraite à l'état-major de la brigade Dewynter dont Lahure dépendait, aussi bien qu'à celui de Salm, divisionnaire ; au Dépôt de la guerre, soit à l'époque même, soit postérieurement, dans des vues qu'il n'est pas difficile de saisir.

2° Ce fut une affaire d'avant-garde, l'acte d'un corps détaché, et les pièces concernant ces actes militaires, parfois surprenants ou décisifs, n'ont été prudemment exposés par les intéressés ou conservés au grand quartier général qu'avec l'Empire.

Enfin, rien ne prouve que les constatations de l'acte soient ou fausses ou erronées. Bien plus, l'intervention du maréchal Macdonald qui a protesté contre l'immixtion de Pichegru et de Moreau comme inspirateurs ou directeurs actifs de la prise de la flotte, établit la part réelle et primordiale de Lahure. Peut-être faut-il chercher dans la polémique de 1836 le secret de l'absence de pièces y relatives par voie de disparition. Toujours est-il, que si les généraux Salm et Dewynter ont annoncé la prise de la flotte batave, en tant que fait accompli, ils n'ont jamais exposé la part qui leur revenait dans l'inspiration de ce fait d'armes, pas plus que le dénombrement des troupes auxquelles ils auraient imposé cette tâche. Que peut-on loyalement objecter ?

Un 8e régiment de hussards, dénombré dans la situation Salm du 1er pluviôse figure à cette division, mais à titre de simple détachement ; en effet, la situation du chef de l'état-major général le porte à la division de Delmas, deuxième du centre dont Salm formait la première. Ce qui seul peut faire foi, c'est la situation du général Liébert ; il y en a deux raisons : la première, parce qu'elle émane du général qui était responsable, comme ordre exécutoire du général en chef, du mouvement des troupes de toute cette armée, Liébert ;

la seconde, parce qu'elle fournit l'effectif complet des sept divisions actives de cette armée. S'il fallait une troisième raison, j'invoquerais l'autorité spéciale de ce document, en observant que c'est le rapport décadaire.

Le rédacteur de l'*Historique du 8ᵉ Hussards*, rédigé depuis la guerre de 1870 conformément aux prescriptions réglementaires et aux décisions du ministre de la guerre, n'a pas osé se prononcer sur l'affaire du Texel. Il l'a prudemment passée sous silence. Peut-on admettre que ce soit par ignorance ? Qui le croira ! à moins que ce silence ne lui ait été imposé par ordre supérieur. Mais, en ce cas, pourquoi ne l'avoir pas dit, au moins en note ?

Au début du mois républicain de pluviôse, le 8ᵉ hussards est porté en marche; ceci est irréfutable, de par la situation décadaire du général Liébert. Donc, ce régiment n'était pas compris dans la division Salm; et il ne l'était pas pour deux motifs : en marche, affecté à la division Delmas.

Dira-t-on qu'il pouvait exister auprès de Salm en détachement ?

Je vais établir par une situation divisionnaire ce que vaut un détachement. On a, en outre, et il faut s'en féliciter, celle même de la division Salm qui fait, par sa composition, le sujet du débat.

La situation Salm du 25 nivôse produit comme détachement : trente-quatre cavaliers.

A quel régiment appartenaient-ils ?

Pas aux hussards, mais au 13ᵉ bis de chasseurs à cheval.

Quel fut le rôle de ce corps ?

Ici, il n'y a plus de place pour une hypothèse quelconque. On dirait que le chef d'état-major de Salm a prévu les discussions ultérieures. La situation signée par Watrin nous le dit à la colonne relative à « l'emplacement des corps ». Nous lisons textuellement ces mots : « servant d'ordonnances au quartier général à Bommel ». N'est-ce point décisif ?

Où est le 8ᵉ régiment de hussards ?

Nulle part.

Il est en marche ; il va arriver très certainement, mais n'arrivera-t-il pas trop tard puisqu'il rejoindra après que la flotte aura été capturée ?

L'honorable historien de la cavalerie, le général Susane, l'a si bien compris que dans son *Histoire de la Cavalerie* il ne parle pas de l'affaire du Texel.

Le 5ᵉ hussards, second compétiteur, était-il à l'armée du Nord ?

Le chef d'état-major général l'affirme, bien mieux il le prouve. Division Moreau, dit-il, 5ᵉ hussards, fort de sept cent quarante-cinq cavaliers.

Et c'est parce que ce régiment appartenait à cette division qu'on avait représenté dans le premier tableau qui fut peint pour la galerie de Versailles le portrait de ce général.

La protestation du maréchal Macdonald en faveur de son ancien lieutenant Lahure, fit supprimer le portrait de Moreau et ultérieurement celui de Pichegru en faveur de celui qui avait conçu et exécuté ce glorieux fait d'armes à la tête des troupes belges pour le corps d'infanterie qui y prit part.

De là le tableau actuel.

Mais si l'on a réclamé pour Lahure, a-t-on agi de même en faveur du 5ᵉ hussards ?

Personne n'ayant protesté à cette époque, de là vient la contestation née entre les deux régiments de la même arme et l'oubli qu'il faut plaindre aujourd'hui. La mémoire du maréchal duc de Tarente eût probablement suppléé à l'absence du rapport détaillé au Dépôt de la guerre ; dans tous les cas, un débat par conseil d'enquête, conseil tout scientifique, eût prononcé définitivement. Qui nous dit que l'on ne se fût pas trouvé en présence d'un survivant capable de fixer sur preuves contradictoires et d'arrêter la décision du conseil ? Une prudence mal entendue à raison de la question de compétition aura peut-être interdit de recourir à ce loyal examen. On a le droit de le regretter.

Ce qui est indiscutable, c'est que le général Salm était sans cavalerie, d'après le rapport décadaire.

Par son rapport divisionnaire, il avait deux détachements du 8ᵉ hussards et du 13ᵉ bis chasseurs à cheval.

Que comprenaient-ils d'effectif ? Cent trente-huit hommes, à eux deux.

On voit par ces chiffres ce que valaient les détachements.

Le nombre des cavaliers du 5ᵉ régiment de hussards affectés à la division Moreau, dirai-je à mes contradicteurs inconnus, était de sept cent quarante-cinq. La cavalerie du Texel, la voilà.

Personne n'oserait donc affirmer que cent trente-huit hussards et chasseurs ont pris une flotte aussi considérable que celle du Texel, avec navires de haut bord, en majeure partie armés de canons par centaines, et secondés eux-mêmes par de l'artillerie. Au contraire, un effectif de sept cent quarante-cinq cavaliers appuyés par mille fantassins et probablement aussi par des batteries d'artillerie légère comprenant des escadrons libres, c'est-à-dire de soutien, voilà les éléments du succès de l'affaire du Texel. La reddition de la flotte fut réelle, nul ne le conteste en Hollande même; elle constitue un fait matériel.

Les cavaliers en détachement n'étaient, d'après le chef d'état-major Watrin, que des ordonnances au quartier général; ce sont ses propres expressions dans un rapport officiel, il est indubitable que sa définition de leur rôle ne peut être modifiée à aucun titre.

L'affaire du Texel fut toute d'avant-garde, c'est prouver que les cent trente-huit détachés, comme estafettes des généraux, n'ont pu y participer comme corps principal. L'honneur de la prise de la flotte fut dû aux sept cent quarante-cinq qui l'accomplirent, au 5ᵉ hussards. Ce fut ce régiment que Moreau envoya à la division Salm, parce que le 8ᵉ était en marche précisément, d'après le rapport du général Liébert, chef d'état-major de l'armée du Nord.

Ce trait incomparable accompli, la paix fut enfin promise à la France désireuse d'un repos acheté au prix de son sang et avec le concours des troupes volontaires belges.

Voilà ce qu'il faut honorablement rappeler à notre patrie, la part considérable prise par les Belges à la capture de la flotte, au fait d'armes du Helder.

Les souffrances de la guerre avaient calmé bien des passions et anéanti les orgueilleuses espérances qu'avaient conçues les coalisés. Sur le Rhin on entendait les appels de certains cercles à l'Empereur et au roi de Prusse pour le rétablissement de la paix. Mayence l'avait proposé solennellement à Ratisbonne, et la majorité de la Diète avait appuyé. L'Électeur de Trèves, le roi de Hanovre et l'Autriche s'opposaient à la fin des opérations, conseillés et soldés à la fois par l'Angleterre. La Prusse, avide de retirer un profit immédiat et surtout apparent de ses négociations secrètes, venait d'envoyer un ministre spécial à Bâle pour entrer en conférence avec le plénipotentiaire français officiellement désigné à cet effet.

Si les princes allemands désiraient la paix avec sincérité, bien des obstacles s'opposaient à sa conclusion. Ni eux ni les cabinets n'avaient accepté le principe de conquête retourné contre eux par la République française, au nom même du manifeste de Brunswick. Aussi la France demandait-elle toute la rive gauche du Rhin. Cette prétention reposait sur deux points : les principes et le fait de la possession par ses armées victorieuses.

Des publicistes prussiens (ce que l'on ignore trop) ont écrit que ceux qui gouvernaient alors la France étaient si modérés, si pénétrés du besoin de diminuer le nombre des ennemis, qu'ils offrirent des conditions honorables à leur pays afin de démontrer combien ils avaient peu de haine contre la Prusse.

La Convention déclara, dans un rapport de Boissy-d'Anglas, qu'elle détestait la guerre sans la craindre et avertit l'Europe qu'elle était prête à en faire cesser les horreurs lorsqu'on nous présenterait une paix conforme à notre dignité. Mais si la Convention s'avouait prête à négocier avec franchise, elle n'entendait pas que l'on paralysât ses armes, ni que l'on suspendît ses triomphes par des négociations fausses ou insignifiantes. Ses armées se chargeaient de prouver à ses ennemis qu'elles devenaient invincibles et que ses généraux étaient d'un mérite incomparable.

Invoquant le principe des frontières naturelles, la Convention rappelait la provocation de 1792 par une ligue menaçante et la nécessité d'une paix durable. Puis, adressant aux hommes d'État et aux publicistes de la presse européenne une interpellation directe, le représentant de l'Assemblée s'écriait : «Notre gouvernement est le plénipotentaire nommé par la totalité du peuple français pour terminer, en son nom, la Révolution et la guerre.» Deux mois plus tard, la campagne de Hollande brisait, par des résultats imprévus, le faisceau de la coalition, et la Prusse abandonnait avec l'Espagne et la Toscane le parti féodal.

Honneur aux troupes françaises, à leurs chefs, honneur à Lahure !

PIÈCES JUSTIFICATIVES

I. Note du Cabinet britannique aux États-Généraux.

« ... Fidèle à ses principes, Sa Majesté ne s'est jamais permise de s'immiscer dans les affaires intérieures d'une nation étrangère. Elle ne s'est jamais écartée du *système de neutralité* qu'elle avait adopté.

« Cette conduite que le roi a vue avec plaisir observée également par Vos Hautes Puissances, dont toute l'Europe a reconnu la bonne foi, et qui aurait dû être respectée à tant d'autres titres, n'a pas réussi à mettre Sa Majesté, ses peuples et cette République à l'abri des trames les plus dangereuses et les plus criminelles.

« Depuis quelques mois, des projets d'ambition et d'agrandissement, alarmants pour la tranquillité et la sûreté de l'Europe entière, ont été publiquement avoués. On s'est efforcé de répandre dans l'intérieur de l'Angleterre et de ce pays des maximes subversives de tout ordre social, et l'on n'a pas même eu honte de donner à ces détestables tentatives le nom de pouvoir révolutionnaire. Des traités anciens et solennels, garantis par le Roi, ont été enfreints, et les droits et les territoires de la République ont été violés.

« Sa Majesté a donc cru dans sa sagesse devoir faire des préparatifs proportionnés à la nature des circonstances. Le Roi a consulté son Parlement, et les mesures que Sa Majesté avait trouvé bon de prendre ont été accueillies par l'assentiment vif et unanime d'un peuple qui abhorre l'anarchie et l'irréligion, qui aime son roi, et qui veut sa Constitution.

« Tels sont, Hauts et Puissants Seigneurs, les motifs d'une conduite dont la sagesse et l'équité ont assez prouvé jusqu'ici au Roi votre concert et votre coopération.

« Sa Majesté, dans tout ce qu'elle a fait, a constamment veillé au maintien des droits et de la sûreté des Provinces-Unies. La déclaration que le soussigné a eu l'honneur de remettre à vos Hautes Puissances, le 13 décembre dernier, et l'arrivée d'une petite escadre destinée à protéger les parages de la République pendant que ses propres forces se rassemblaient, en fournissent la preuve. Vos Hautes Puissances ont reconnu ces dispositions du Roi dans tout ce que Sa Majesté a déjà fait. Elles ne les retrouveront pas moins dans les mesures qui se préparent. En conséquence, Sa Majesté se persuade qu'elle continuera à éprouver de la part de vos Hautes Puissances une parfaite conformité de principes et de conduite. Cette conformité peut seule donner aux efforts réunis des deux pays l'énergie nécessaire pour leur commune défense, opposer une barrière aux maux dont l'Europe est menacée, et mettre à l'abri de toute atteinte la sûreté, la tranquillité et l'indépendance d'un Etat dont vos Hautes Puissances assurent le bonheur par la sagesse et la fermeté de leur gouvernement.

« Fait à La Haye, le 25 janvier 1793.

AUKLAND.

II. Discours du Stathouder aux États-Généraux.

Hauts et Puissants Seigneurs,

La portion très importante de l'administration publique qui m'a été confiée, en mes différents rapports politique et militaire, par V. H. P. et par les seigneurs États des provinces respectives, me défend de garder le silence dans les circonstances immédiates de la cause générale du pays.

V. H. P. ont certainement rendu justice à mes sentiments et à ma conduite, lorsque, dans votre lettre aux États des provinces, et dans votre déclaration relative au manifeste du général Dumouriez, vous avez défendu cette conduite et ces sentiments contre les calomnies et les faussetés de mes ennemis. Mais je dois à V. H. P., aux États des provinces, à la nation hollandaise, pour laquelle mes ancêtres ont versé leur sang ; je dois aux fidèles alliés de l'Etat, qui, dans un moment si critique, ont volé à notre secours pour se battre avec nous pour la République ; je dois à toute l'Europe, dont l'attention est fixée sur une attaque aussi injurieuse, et je ne dois pas moins à moi-même de faire connaître non seulement mes vues, mais même les fondements de ma confiance.

L'Etat est attaqué de la manière la plus injuste. Le territoire de la République est envahi, et les armes de l'ennemi ont eu, contre toute attente, un succès qui pourrait s'étendre aux villes qui ont voix dans l'Etat, dont les suites seraient incalculables.

Tels sont, Hauts et Puissants Seigneurs, les dangers qui nous accablent déjà et qui nous menacent encore. Mon dessein n'est point de les dissimuler ; je ne désire pas même me flatter que les pertes que nous avons déjà éprouvées seront les dernières. Il n'est pas surprenant que cette République éprouve de grands échecs au commencement d'une guerre ; mais, au milieu de ces désastres, elle s'élève, comme si les pertes réveillaient son activité, soutenaient son courage, et multipliaient ses forces.

Si l'on ne doit pas dissimuler les dangers de l'Etat, on ne doit pas non plus cacher ses avantages et ses ressources. La situation du pays, coupé par des rivières, des canaux et des lacs, offrent des avantages qui nous mettent en état de disputer le terrain aux ennemis, quand même leurs succès seraient encore plus considérables. La fidélité des citoyens et leur amour pour leur *patrie* sont également efficaces dans un Etat républicain. Les troupes de la République sont pleines de courage, et brûlent d'essayer leurs forces pour la défense de leurs *autels* et de leurs foyers. Les matelots sont animés de cet esprit qui n'a jamais manqué de distinguer si honorablement les Hollandais, sur un élément qui leur est naturel, et sur lequel ils ont si souvent confondu l'orgueil de leurs ennemis. Enfin, je dois me persuader que non seulement les alliés de l'Etat, mais encore les puissances formidables qui ont avec la République un intérêt et un ennemi communs, uniront leurs efforts aux nôtres pour repousser des frontières de cette République la violence et l'injustice.

Mais, Hauts et Puissants Seigneurs, je fonde ma confiance d'une manière plus particulière dans le souverain arbitre de l'univers, qui de rien a fait parvenir ce pays à sa force présente, qui l'a conservé par des miracles, et a soutenu le bras de mes courageux ancêtres. Ce Dieu est éternel ; sa toute-puissance, sa prévoyance le sont également, et il veut encore soutenir ceux qui mettent leur confiance en lui.

C'est sur ces fondements que je déclare, à la face de tout l'univers, que, loin d'être découragé, je veillerai jusqu'à mes derniers moments à la défense de l'Etat, et que, quoiqu'une partie de mes possessions et de mes domaines soit déjà au pouvoir de l'ennemi, ce qui me reste, ainsi que mon sang et ma vie, est encore au service de l'Etat. J'ai été élevé dans ces sentiments ; ce sont ceux qui ont distingué mes ancêtres, et ces exemples illustres ont été inculqués par moi et par la princesse, notre chère épouse, à nos enfants : ils désirent déjà avec ardeur se distinguer dans une carrière aussi honorable.

Que la nation se lève ! qu'elle s'unisse à moi contre un ennemi qui en veut à sa *liberté*, à ses *propriétés* et à son *indépendance* ! Je me flatte qu'on me trouvera toujours dans la carrière de l'honneur et de l'amour de mon pays ; et puisque je n'ambitionne, ni ne connais d'autre grandeur que celle du pays, je m'estimerai heureux si le ciel daigne bénir mes efforts et les diriger vers ce but.

Fait à La Haye, le 28 février 1793.

Signé : G. Prince d'Orange.

III. Proclamation des Représentants en mission aux Bataves.

« L'armée de la République partout victorieuse a pénétré dans vos contrées ; les places les plus formidables sont déjà les unes en notre pouvoir, les autres prêtes à y tomber.

« Souvenez-vous, Bataves, de votre ancienne valeur ; voyez l'oppression sous laquelle vous font gémir vos usurpateurs.

« Le moment est venu de secouer le joug et d'anéantir vos tyrans domestiques et extérieurs, qui vous oppriment et veulent vous entraîner dans le précipice creusé sous leurs pas. Vous les voyez déjà saisis de frayeur, pâlir sur leurs trônes ébranlés. Un effort énergique va vous rendre l'exercice de vos droits, de votre souveraineté.

« Les Français, ennemis des tyrans et amis des peuples, vous tendent leurs bras victorieux ; ils ne viennent point en dominateurs, mais en frères auxquels vous pouvez vous unir en toute confiance ; ils ne veulent que s'entourer de peuples libres et vous rendre ce que les despotes vous ont enlevé.

« Votre conduite actuelle va régler vos destins et ceux de votre postérité.

« Montrez-vous dignes de vos ancêtres ; ne laissez pas plus longtemps comprimer votre courage par des êtres que l'Europe voue déjà au mépris.

« Comptez sur la bravoure de nos armées républicaines ; comptez sur la justice et la fermeté des représentants du peuple français. Vos personnes, vos propriétés, vos usages, vos coutumes, vos opinions religieuses seront partout respectés. Tout désordre, toute vexation, tout acte arbitraire seront sévèrement punis ; mais les Français sont incapables d'en commettre, et leurs ennemis mêmes sont forcés de rendre hommage à leur bonne discipline, à leur bonne conduite.

« Ce qui sera fourni pour les besoins des armées sera payé avec exactitude.

« Les représentants du peuple ont fixé un prix favorable aux objets de première nécessité ; ils ont tracé les règles qui doivent être observées ; il ne vous parlent point de la solidité et de l'hypothèque immense de notre monnaie républicaine : la Hollande en est suffisamment informée ; les manufactures, les productions et le commerce de la République française vous procureront de nombreux moyens de placement et d'échange.

« Citoyens, votre conduite réglera la nôtre ; nous jugerons vos sentiments par vos actions, votre amour pour la liberté par les efforts et l'énergie que vous déploierez contre les tyrans ; **nous jugerons votre affection pour la République française pa**r empressement avec lequel vous pourvoirez aux besoins de nos braves défenseurs.

« Donné à Bois-le-Duc, le 30 vendémiaire, l'an III de la République française, une et indivisible.

« *Signé* : Haussmann, Bellegarde et Lacombe. »

IV. Adresse des Bataves à la Convention.

« ... Partout l'insurrection éclate, partout le patriote secoue l'horrible chaîne qui le comprimait, partout le Français libérateur est béni. Vos armées marchent aux acclamations d'un peuple reconnaissant. Amsterdam, la populeuse Amsterdam a fait retentir jusqu'aux nues le bonheur de sa délivrance ; elle a invité les Français à entrer dans ses murs ; elle les a reçus en amis, en frères.

« Citoyens représentants, si ce tableau est fidèle, s'il n'est que l'exposé des faits, hésiterez-vous à mettre le sceau à vos dispositions généreuses en remettant à la Hollande, devenue libre par vos mains, le prix, l'inestimable prix de l'indépendance nationale, le seul moyen de rendre cette brillante conquête réellement utile à la France et funeste aux despotes, dont les derniers efforts vont sans doute se réunir bientôt pour tenter de vous l'arracher ?

« Pour le bonheur commun des deux Républiques, pour leur intérêt réciproque, et surtout pour le maintien de ce que vous devez attendre de nos efforts, nous vous demandons, législateurs, nous demandons à la représentation nationale de la France qu'elle daigne laisser au peuple libre de nos villes et de nos campagnes le choix le plus prompt de ses autorités constituées. Toutes les régences de notre pays étaient composées des adhérents du Stathouder, des amis des Anglais, de vos ennemis naturels, de nos oppresseurs ; il est urgent de les remplacer : l'existence physique et morale de nos contrées l'exige, le commande, et tout est perdu s'il ne s'établit d'abord un gouvernement provisoire qui veille à la marine, aux digues, aux perceptions, au commerce, et à tout ce qui constitue notre pays fertile.

« Ce n'est qu'ainsi, ce n'est que par la voie de magistrats choisis par le peuple dans des assemblées provisoires, sous les yeux des représentants du peuple français, que vous préviendriez, citoyens, tous les maux que la désorganisation entraînerait, et qui, plus chez nous que partout ailleurs, seraient irréparables.

« A ce prix, citoyens, tous les sacrifices paraîtront légers au peuple batave ; il volera lui-même au-devant des efforts de tout genre que vous avez droit d'exiger de sa part : l'enthousiasme de l'indépendance recouvrée le rendra capable de tout. *(Acte du 28 janvier 1795.)* »

V. État approximatif des effectifs des troupes de l'Allemagne selon la Bulle d'or. (Juin 1795).[1]

1. L'Empereur et ses Etats réunis.	350,000
2. Roi de Prusse et ses Etats réunis.	280,000
3. L'électeur de Saxe pour le contingent.	40,000
4. L'électeur de Bavière et de Palatin pour le contingent.	35,000
5. L'électeur de Hanovre.	30,000
6. L'électeur Palatin et de Bavière.	20,000
7. Le landgrave de Hesse-Cassel.	20,000
8. Le duc de Wurtemberg,	18,000
9. Le duc de Brunswick.	10,000
10. Le margrave d'Anspach et de Baireuth.	10,000
11. Le duc de Holstein.	6,000
12. Le landgrave de Hesse-d'Armstadt.	6,000
13. L'évêque de Munster et d'Osnabruck.	6,000
14. L'évêque de Wurtzbourg.	6,000
15. L'électeur de Mayence.	6,000
16. » Trèves.	4,000
17. » Cologne.	4,000
18. L'évêque de Liège.	3,000
19. Le duc de Mecklembourg-Schwerin.	3,000
20. Le prince de Dessau.	3,000
21. Le duc de Courlande.	3,000
22. L'évêque de Saltzbourg.	3,000
23. Hambourg, ville libre.	3,000
24. Les petits princes des Cercles et de Souabe réunis.	3,000
25. Les princes du Haut et du Bas-Rhin réunis.	3,000
26. Les princes de Franconie réunis.	3,000
27. Les princes de Wesphalie.	3,000
28. Les 32 petites villes libres des Cercles.	3,000
29. Nuremberg.	1,500
30. Francfort.	1,500
31. Cologne.	1,500
32. Ratisbonne.	1,500
33. Les autres évêchés, environ.	4,000
34. Le margrave de Baden-Baden.	3,000
35. Le prince d'Anhalt.	1,500
36. Les princes de Nassau, Weilbourg et Usingen.	1,500
	900,000

1. Dressé par le prince de Hesse, général allemand au service de la France, exclu comme trop terroriste par son parti, suspecté d'espionnage.
Sur tous ces contingents la marine non comprise.

État approximatif des effectifs des Coalisés.

Russie impériale.	400,000
Roi d'Espagne.	80,000
Roi de Pologne, nul vu sa position et sa crise actuelle.	60,000
Hollande-République.	30,000
Roi d'Angleterre.	30,000
Ri de Portugal.	20,000
Roi de Sardaigne.	20,000
Roi de Naples.	12,000
Le grand duc de Toscane.	10,000
Le duc de Parme.	6,000
Le duc de Modène.	3,000
	671,000

Récapitulation.	Allemagne.	900,000
	Coalition.	671,000
		1,571,000

« Toutes ces troupes doivent être équipées et armées par les puissances respectives qui les fournissent ; quant à leurs logements et subsistances c'est aux dépens et frais de tout l'empire réuni. »

« La Suisse et la Turquie les alliés naturels de la France. »

VI. Décret de la Convention sur les débiteurs dans les pays en guerre avec la République.

« La Convention nationale, après avoir entendu le rapport de son comité des finances, décrète ce qui suit :

« Art. Ier. Ceux qui ont entre leurs mains des fonds ou effets appartenant aux pays qui sont en guerre avec la République, en déposeront, dans un mois de la publication du présent décret par le Bulletin, pour ce qui est échu, et, au fur et à mesure des échéances, ce qui ne sera pas échu, dans les caisses des receveurs de district, et à Paris, à la trésorerie nationale : il leur en sera fourni un récépissé.

« II. Les monnaies étrangères qui seront dues seront réduites en monnaies de France, d'après le cours des changes à Paris, à l'époque du décret qui ordonne la saisie et séquestre des biens des étrangers, et leur montant ainsi calculé sera déposé en assignats.

« III. Les commissaires de la trésorerie nationale constateront le cours du change mentionné en l'article précédent; ils l'enverront sans délai aux directoires et receveurs de district.

« IV. L'agence de l'enregistrement et des domaines prendra possession des meubles et immeubles appartenant aux habitants des pays avec lesquels la République est en guerre; elle les administrera comme les autres biens nationaux, et leur produit sera versé dans les caisses des receveurs de district.

« V. Les receveurs de district enverront de suite à la trésorerie nationale les fonds qui leur seront versés, lesquels seront déposés dans la serre à trois clefs, destinée à recevoir les dépôts et consignations.

« VI. Il sera tenu un compte particulier des versements qui seront faits en exécution du présent décret, en se conformant à l'ordre prescrit pour les dépôts et consignations.

« VII. Ceux qui n'auront pas satisfait aux dispositions du présent décret dans le délai prescrit seront condamnés à une amende égale au quart de la valeur non déposée.

« VIII. Les agents nationaux veilleront à l'exécution du présent décret; ils poursuivront ceux qui sont en retard, les employés de l'agence de l'enregistrement étant chargés, sous peine de destitution, de les leur dénoncer.

« IX. Le présent décret sera imprimé dans le Bulletin de demain. » *(Décret du 6 juillet 1794.)*

VII. Proclamation du Comité révolutionnaire hollandais.

« Citoyens, le Comité révolutionnaire, représentant momentanément la bourgeoisie entière de cette ville, paraît en cette qualité devant les magistrats d'Amsterdam.

« Il déclare que le moment désiré depuis si longtemps vient de naître, où les citoyens bataves vont reprendre leurs droits inaliénables, dont on les a privés d'une manière si outrageante. C'est donc dans ce moment que le gouvernement actuel doit finir, et que le Comité révolutionnaire, agissant d'après la volonté connue de la bonne bourgeoisie, doit être chargé momentanément de la direction des affaires publiques, jusqu'à l'instant où un autre ordre de choses et une nouvelle régence puissent être organisés par la volonté du peuple.

« Toutes les opérations du Comité jusqu'à ce jour, l'ordre public non interrompu, la sûreté individuelle des personnes, le passage presque imperceptible de l'état d'oppression, sous lequel gémissait cette ville, à la jouissance plénière de la liberté; tout, en un mot, doit vous convaincre que le comité n'est dirigé **que par les principes qui caractérisent tout bon citoyen, zélé pour** le bonheur de ses semblables.

« En conséquence, le Comité, parlant au nom et par ordre signé de la commune d'Amsterdam, vous déclare que vos fonctions respectives de magistrats et de juges, et autres quelconques, sont finies, et que dès ce moment vous rentrez dans la classe de simples particuliers.

« En conséquence le Comité vous déclare incompétents d'exercer le moindre acte d'autorité, et vous rend responsables de la non-obéissance à cet ordre du peuple souverain. Le Comité exige en dernier lieu de vous de lever sur-le-champ votre séance et de retourner chez vous sans aucun caractère public; vous jouirez, tant pour vos personnes que pour vos propriétés, de cette sûreté entière, à laquelle tout citoyen paisible a droit de prétendre. C'est ainsi que nous prouverons à l'Europe entière, d'une manière à faire rougir les ennemis de la liberté, s'ils étaient susceptibles de quelque sentiment de pudeur, la différence énorme d'une révolution faite en faveur du despotisme, et pour opprimer la liberté batave, d'avec celle qui rend la liberté à un peuple généreux qui bannit à jamais l'oppression du sol batave. »

VIII. Proclamation de l'indépendance de la Hollande par les Représentants en mission.

La tyrannie, conjurée contre la liberté des peuples, nous déclara la guerre et entreprit de nous opprimer.

Un stathouder revêche s'était rendu votre maître de gouvernement. Il entra dans la coalition pernicieuse des tyrans, et forma avec eux la résolution insensée de subjuguer un grand peuple.

Votre sang, vos trésors furent prodigués à cette entreprise criminelle.

Le sort des armes a répondu à la justice de notre cause, et nos armées victorieuses sont entrées sur votre territoire.

Bataves! nous sommes bien loin de penser que vous étiez complices de cette entreprise horrible. Nos ennemis sont aussi les vôtres.

Le sang des fondateurs de la République des Provinces-Unies coule encore dans vos veines, et au milieu des horreurs de la guerre nous ne cessions pas de vous considérer comme nos amis et alliés.

C'est sur ce pied-là que nous sommes actuellement au milieu de vous. Nous n'apportons point la terreur, mais la confiance.

Il n'y a que peu d'années qu'un conquérant hautain vous prescrivait des lois; nous vous rendons la liberté.

Nous ne venons pas chez vous pour vous imposer un joug; la nation française respectera votre indépendance.

Les armées de la République française exerceront la plus

sévère discipline. Toute insolence, toute extravagance contre les habitants seront punies sévèrement.

La sûreté des personnes et des biens sera maintenue.

L'exercice libre de la religion ne sera point troublé.

Les lois, coutumes et usages seront encore maintenus.

Le peuple batave, faisant usage de sa souveraineté, pourra seul altérer ou améliorer la Constitution de son gouvernement.

A Amsterdam, le 1er pluviôse, l'an III de la République française, une et indivisible (20 janvier 1795, vieux style).

Etait signé à l'original : Gillet, Bellegarde, Lacoste, Joubert, Portiez (de l'Oise).

IX. Décret sur la liberté électorale dans les pays occupés par nos armes.

« Art. 2. — Les généraux des armées de la République prendront toutes les mesures nécessaires pour la tenue des assemblées primaires ou communales, aux termes dudit décret.

« Les commissaires envoyés par la Convention nationale..... Ils veilleront particulièrement sur tout ce qui pourra assurer la liberté des assemblées et des suffrages.

« Art. 3. — Les peuples réunis en assemblées primaires ou communales sont invités à émettre leur vœu sur la forme du gouvernement qu'ils voudront accepter.

« Art. 4. — Les peuples des villes et territoires qui ne se seraient pas assemblés, dans la quinzaine au plus tard, après la promulgation tant des décrets des 15, 17, 22 décembre dernier si elle n'a pas été faite que du présent décret, seront déclarés ne vouloir être amis du peuple français. »

X. Discours de Pitt sur la guerre.

Si les Français attaquent dans la suite la Hollande, la Prusse, l'Autriche, comment déterminerez-vous l'Angleterre à rentrer en lice, après avoir fait le honteux aveu de votre infériorité au même moment où tant d'alliés vous secondent? Que sera-ce si je vous prouve qu'on vous conseille la lâcheté à une époque où vos ennemis touchent à l'épuisement?

On nous a dit que, si la guerre cesse, la France se donnera un gouvernement plus sage. Est-ce à nous, sur des chances aussi incertaines, à nous exposer aux plus grands malheurs? Je **ne veux donc point de paix en ce moment**, à moins que vous ne me démontriez que la France a plus de moyens que nous de poursuivre longtemps la guerre. Eh! quelle paix pourrions-nous obtenir? Nous sacrifierions notre honneur en pure perte et par un désespoir très mal fondé. Nous conseillera-t-on d'abandonner aux Français les Pays-Bas autrichiens? non, sans doute.

On dit que le vrai motif de la guerre n'existe plus, puisque la Hollande négocie avec la France. Eh bien, je soutiens que la Hollande ne peut jouir de quelque sûreté qu'autant que nous continuerons la guerre. Que la paix règne entre les deux pays : et la France est sans frein et sans contre-poids. Qui peut répondre qu'elle consentira à la paix à des conditions honorables, et sans se prévaloir d'une prétendue supériorité? A-t-elle modifié le décret du 13 avril, qui porte que les préliminaires de paix seront l'unité et l'indivisibilité de la République?

Quoi! après deux ans de guerre, vous avez obtenu comme indemnité la possession des colonies françaises; et vous y renonceriez pour acheter la paix! De telles idées ne peuvent être adoptées qu'autant que l'impossibilité de continuer la guerre aura été prouvée. Soyez sûrs que le *statu* ne serait point accepté. Est-ce à nous à descendre au langage de la faiblesse et à l'attitude de la prière?

Je ne veux point dissimuler des désastres de la dernière campagne. Je ne cacherai point les blessures profondes reçues par les deux grandes puissances militaires de l'Europe. Mais les guerres précédentes me présentent les prodiges dus à l'énergie et à la persévérance du peuple anglais. Ne faut-il juger des ressources des puissances belligérantes que par des batailles perdues et des pays envahis? Ce calcul serait faux, dans cette guerre surtout, et vis-à-vis de nous.

XI. Discours de Fox sur la guerre.

On vous a dit, en parlant de la négociation entamée par la Hollande, que nul traité solide ne peut être fait avec le gouvernement actuel de France. Cette assertion m'amène à examiner où en est la guerre, où nous en sommes nous-mêmes. Les ministres ne veulent pas cacher que des places fortes ont été prises... Franchise vraiment admirable de leur part! Et c'est ainsi qu'ils parlent des triomphes des Français! N'eût-il pas été plus noble de dire : Nos désastres sont tels que l'Europe moderne n'en a jamais vu de semblables depuis l'irruption des Goths et des Vandales?

Les Français ont conquis la Flandre, plus de la moitié de la Hollande, toute la rive gauche du Rhin, Mayence excepté; une partie du Piémont, la plus grande partie de la Catalogne, toute la Navarre. Qu'on cherche une semblable campagne dans les annales de l'Europe! Ils ont pris, dites-vous, des places fortes :

montrez-moi cinq campagnes où tant de places fortes aient été emportées. Et qu'on ne me reproche point d'exagérer ici nos malheurs : non, je parle avec l'austère franchise d'un homme qui doit lever le voile dont est couvert l'abîme vers lequel nous a poussés la folie sans exemple de nos ministres.

L'enthousiasme des Français est sans doute admirable ; mais je pense que, si notre pays était envahi par une armée française, nous aurions fait les mêmes prodiges ; et nous ne les ferons que lorsque nous serons serrés de près comme ils l'ont été. Car, malgré toutes les déclamations pompeuses des ministres, ils ne persuaderont jamais au peuple que, si nous concluons la paix avec la France, c'en est fait de notre gouvernement, de nos lois et de notre religion. D'autres puissances sont en paix avec la France. Le Danemark, la Suède, les Cantons suisses sont-ils donc anéantis, quoique alliés avec elle ? et cette République de Gênes, que nous avons si cruellement traitée, ne s'applaudit-elle pas de l'amitié des Français ? Les Etats-Unis d'Amérique ne jouissent-ils pas d'une brillante prospérité, d'une grande sûreté, quoique leur beau gouvernement soit aussi fondé sur les droits de l'homme, et par là même très rapproché de ce qu'on appelle la peste française ? Ces Etats-Unis ne viennent-ils pas de conclure un traité avec nous ? Pourquoi donc la contagion ne serait-elle à craindre que pour nous ? Je m'étonne toujours de l'entêtement de certains hommes qui ferment les yeux pour ne pas voir les faits qui combattent leurs chimériques théories.

La Révolution française existe depuis 1789, et Genève est cependant le seul Etat qui en ait éprouvé une à peu près semblable. Comment pourrait-elle arriver jusqu'à nous ? Nous serait-elle apportée par quelques missionnaires débarqués à Douvres ? car, grâces au ciel, le ministre ne nous parle plus de tous ces complots contre la Constitution, qui semblaient l'effrayer tant depuis deux ou trois ans. Tous ces rêves n'ont pas été perdus pour lui, puisque, avec quelques bills il est venu à bout de rendre la monarchie anglaise beaucoup plus absolue qu'elle ne l'a jamais été.

www.ingramcontent.com/pod-product-compliance
Lightning Source LLC
LaVergne TN
LVHW020950090426
835512LV00009B/1802